『秋叶静美』生死学丛书

回望与追忆

温远鹤　李杰　主编

华龄出版社

责任编辑： 魏鸿鸣
责任印制： 李未圻

图书在版编目（CIP）数据

回望与追忆 / 温远鹤，李杰主编 . —北京：华龄出版社，2020.12
ISBN 978-7-5169-1749-7

Ⅰ. ①回…　Ⅱ. ①温… ②李…　Ⅲ. ①死亡哲学　Ⅳ. ① B086

中国版本图书馆 CIP 数据核字（2020）第 197259 号

书　　名： 回望与追忆
作　　者： 温远鹤　李杰　主编

出 版 人： 胡福君
出版发行： 华龄出版社
地　　址： 北京市东城区安定门外大街甲57号　**邮　　编：** 100011
电　　话： 010-58122246　**传　　真：** 010-84049572
网　　址： http://www.hualingpress.com

印　　刷： 北京市大宝装璜印刷厂
版　　次： 2020年12月第1版　2020年12月第1次印刷
开　　本： 710mm × 1000mm　1/16　**印　　张：** 9
字　　数： 95千字
定　　价： 45.00元

《秋叶静美》丛书编委会

编者的话

华龄出版社组织策划的《秋叶静美》生死学丛书涉及死亡认知、临终尊严、老年失智、生前预嘱、殡葬习俗以及生命回顾与追忆散文选编六个主题，这是国内第一套系统的生死学丛书，既体现着客观生命进程的内在必然，也体现着人们生命认知的主观需要。

生命既是一列没有返程票的列车，每个生命都有自己的终点站；生命也是一条川流不息的河流，每个人都会投向海洋的怀抱。如此看来，生命的旅程自是风光无限，出生是踏上这一列观光之旅，离别则是另一场旅程的开启。生是自然，死亦是自然。

长期以来，人们对生命的认知与感悟似乎只是悦纳生而畏惧死，且重生而轻死，所谓："靡不有初，鲜克有终。"不过，这种情况正在发生改变。随着国人对生命进程从"求取生存"到追求"生活质量"，再到追求"生命质量"的客观发展，人们对生死的认识与态度也在发生变化。尤其是中国社会进入老龄化时代之后，伴随而来的，除了一系列社会问题，更有深层次的思想认识问题需要解决，比如说：什么是死、如何面对自己的临终、如何处理逝者的后事……这些问题往往事关生者与死者、个体与社会关系的方方面面，可谓"牵一而发动全身"，而要解决这些问题，其前提就是向大众普及死亡教育、培养死亡自觉。

《直面与超越》引导读者思考什么是死亡？如何看待死亡恐惧？如何以科学之眼透视死亡？在死亡面前，人类是否可以通过不同途径超越死亡？读过本书，相信会带给读者以更多启发；《生命与尊严》对什么是临终尊严？什么是安宁疗护？以及临终尊严如何维护进行了较通俗而严谨的分析，旨在引导读者在面临“救治还是放弃”困境时如何作出正确的选择；《遗忘与难忘》针对失智与失能现象日益严重的问题，对什么是失智？如何认识失智？如何陪伴与照护失智症患者等问题进行较通俗的解答，引导读者面对“熟悉”的陌生人进行有效的陪伴，让爱同行；《准备与道别》则重在解答如何有准备地迎接死亡的问题，明确告诉读者：我们是可以通过生前预嘱、预立遗嘱以及培养良好的疾病观念，给予家人的陪伴与爱等，最后以“四道人生”实现生命的完美谢幕；《旧俗与新风》则面对如何安排亲人的后事，如何达到生死两安等问题，通过系统考察殡葬礼俗的概念及由来，以及殡葬的未来发展趋势，对我们如何做到“生死两安”作出了明确的解答；《回望与追忆》收集了古今中外多篇关于生命的回顾以及亲友的回忆散文，并做了深刻而清晰的导读，引导读者从这些优美的文字中吸取我们应对生离死别的生命智慧，从而坦然面对生死，优化自我生命。

本丛书分6个主题，且相互关联又各自成书，每一个主题都得以充分展开，从总体上呈现出丰富性与系统性；同时，丛书主题之间从一般认知到面对自己的临终，再到理性规划自己的死亡，有清晰的内在逻辑，从而使得整体内容连贯而完整。

认识死亡才能真正拥抱生命，也只有这样，才能抵达优雅尊严的人生终点站。丛书所倡导的豁达、平和而理性的生死观，必将对读者大众产生良好的启蒙作用。作为国内第一套系统介绍死亡的丛书，其所产生的社会效益值得期待。

目录
Contents

下篇　爱难忘——追忆亲人

序言

回忆是月光——让我记住你的脸

人们总是会在某个时刻回顾一生，回首走过的路，追忆亲人。回忆是月光，月光是一个很重要的意象，多次出现在中国传统诗词之中，而传统诗词文化是中国传统文化的重要载体。月光，月亮之光，月亮在天上，是回不到人间的，我们只能感受其光，或者通过水之倒影，触摸被水波打碎的月光。作为一种自然现象，“月有阴晴圆缺，人有悲欢离合，此事古难全”，月光伴随月，最能反映人的心情变化，它是人们寄托情感、表达思念的重要载体。月光是冷的，有悲凉之意；同时中国传统节日多与农历十五月圆之日相关，比如元宵节、中秋节。月光是暖的，有团圆之意；同时就个体而言，月光自带高冷、孤单之意，皎洁的月光也是个人精神品质的象征，寓意着个体洁身自好，有高洁的品质。

《回望与追忆》展示的是这种回忆，回忆是月光——让我记住你的脸。回望与追忆伴随着逝者与生者，彼此交融，体味人生，感悟生死。个人的精神品质是逝者的价值体现，也是留给生者的遗产，这种爱的遗产让生者在感叹丧失、悲伤之余，也能冷静地面对缺失，觉生悟死，带着爱继续走完人生之路。

《回望与追忆》一书的上篇讲述的是“我来过——回望一生”的精彩故事。

一个人回望人生，生死观的真正建构在于其生死态度，生死态度是生死观的内核，态度不同，价值立场也会不同。人生的活法不一样，当“我的死亡”演变成真切的现实之时，生死态度才会真正进入人们的生死意识，成为对外界表现自我的方式。有的表现为对生的眷恋和对死的抗拒，即“拥抱生命，拒绝死亡”；有的表现为对死亡的坦然处之，即“生亦何欢、死亦何惧”；有的表现为面对死亡的艰难，即“千古艰难惟一死”；有的则表现为对超越生命的价值的崇尚，即“生命诚可贵”。死亡结果是人在回望之时的最后一步，追寻死亡的意义必然要审视死亡结果。一是“我的死亡”究竟是什么？问题的焦点在于“死亡是否是生命的终结”，对此问题的回答存在“墙”与“门”之别。如果将死亡视为“墙”，那么所有人将无法完成跨越，即“死亡是生命的毁灭”，死亡意味着解脱、痛苦和虚无；如果将死亡视为“门”，那么这是生命的一个节点，不是生命的对立面，即“死亡是生命的延续”，精神不死、功名永续、情谊长存、生死轮回。二是“我的死亡”对这个世界会有什么影响？这个问题与第一个问题的回答密切相关，认同死亡是“墙”的人，通常对自己死亡之后的世界抱有相对消极的态度；而认同死亡不过是通向另一种“生命之门”的人，对死后的世界则会给予更为积极的期待。

《回望与追忆》一书的下篇讲述的是“爱难忘——追忆亲人”的深情故事。

我们可以从回顾逝者成功或失败的整个人生，回顾生者与逝者曾经的关系和共同经历的事件中重温爱，在回顾恩情与感念中让生者与死者穿越时空，融为一体。随着追忆的深入，生者与逝者进一步体悟生命共鸣，感悟人生。亲人的陪伴非常重要，当亲人逝去时，生者会产生物是人非的孤独与悲凉感。而死亡是自然现象，何悲之有？同时悲欢难辨，对立统一。理性上如此，但当我们追忆逝去时光时，生者往往充满遗憾与不舍，犹如“树欲静而风不止，子欲养而亲不待”。遗志与继承，是联系逝者与生者产生共鸣的一种方式，遗志是逝者对生者的挂念与期盼，继承是生者对逝者的思念与敬意。

追忆既是一种情感寄托，也是希望能实现生死两安的方式。“安死”是让死者在生命的最后阶段顺应生命规律，在身心安宁的状态中平静地接受死亡的到来，即“死得坦然”。逝者生前的“安死”表现，是留给生者的宝贵遗产，是逝者安息，也是生者安宁的关键。“安生”是对死者的亲人而言的。亲人逝去，生者难免悲伤，但生者若一直处于负面情绪体验之中，其实作为亲人的死者“在九泉之下也不得瞑目”。因此“安生”也是为了“安死”，二者密不可分。死亡不是爱的终结，只有遗忘才是。生者最好的纪念是努力追求更好的人生品质，实现更高的人生价值，让自己的生命圆满充实，让亲人能“含笑九泉”。追忆的最终目标不是一直沉浸在悲伤之中，而是走出悲伤，完成自我重建。这种重建一是社会身份的重建，生者需要重新定位和适应新的生活角色；二是生活秩序的重建，需要重新设定和理顺生活秩序，建立新习惯，重新分配日常职责；三是生活价值的重建，重燃生活的希望，重塑生命的意义。

让我们一起接受月光的“沐浴”，抚平伤痛，继续前行！

上 篇

我来过——回望一生

第一章　在回望中寻觅生死真谛

回望一生，必然离不开人的生命的两极，即生与死。知生知死，方能觉解生命，读懂人生。对于生的解读，我们往往谈论较多，可以从时间维度上探讨生的事实，也可以从社会维度上探讨生的价值。诗人臧克家说：“有的人活着，他已经死了；有的人死了，他还活着。”生命的价值体现为生命的内在价值和外部价值，与生命个体的质量，以及对他人和社会的意义相关。

而我们的传统文化中往往回避死亡，“未知生，焉知死？”其实谈死并不意味着消极与灰暗，谈死更能懂生。人终将死亡，人生是有限的，死是终结。所以这会促使人们思考生之意义与价值，珍惜时间，善待人生。

人生的意义又在哪里呢？托尔斯泰曾言，死亡是生命唯一的真相，恰恰是死亡触发了人们对生命意义、人生价值的思考和追求，这就是所谓的“向死而生”。死亡提醒我们有必要理性面对生命的长度，而尽力拓展生命的宽度。

本章的选文都是谈生论死，试图寻觅生死真谛。这些选文大部分出自名家，他们试图从各自的角度寻觅生死真谛。的确，知生知死，非常重要，这是后面进一步探讨生死意志、生死态度、死亡结果的基础。让我们从此中探寻思考生死奥秘。

一、生的事实与生的价值

生是人生的起点，有生才有开启人生的资本，知晓生的事实与生的价值，才能更加从容地面对人生。沈从文的《时间》认为，时间证实一切，生的事实通过时间来体现，从自然事实而言，有生才有意义与价值。从社会角度而言，生的价值在于要理解生活，追求理想，不断进取，超越自我。方声洞的《禀父书》是儿子写给父亲的遗书，述说死之原因，面对当时形势，他是如何做出生死选择的，他认为“祖国之存亡，在此一举。事败则中国不免于亡，四万万人皆死，不特儿一人；如事成则四万万人皆生，儿虽死亦乐也”。诠释了生之社会价值，为祖国而死，符合大义，死得其所。

1. 沈从文关于生命的理解

沈从文先生曾在1935年写过一篇短文《时间》，很深刻地阐述了时间对于生命的意义，且表达了他对时间的独特理解，充满着睿智的人生况味。

他认为，一切存在严格地说都需要“时间”。时间既改变着一切，也证实着一切。自然的气候寒暑、草木荣枯，人之从生到死，都不能缺少时间，都是在时间意义上发生作用。

人们提及“生命的价值”或“生命的意义”时，似乎是一个任人神游的精神之旅，殊不知，一个人活下去的真正意义和价值，不过是占有几十个年头的时间罢了。生前他无意义和价值可言，因为世界没有他；而当活到不能再活时，他已死，没有了生命，自然更无价值与意义可言。

人生在世，无论愚昧的多数人还是聪明的少数人，对生命的理解都不过是建立在“生命的意义同价值是活个几十年”的基础上的，决不另作他想，且都肯定生活，吃，喝，睡觉，吵架，恋爱，……如此这般地活下去等待死，“死后让棺木来装殓他，黄土来掩埋他，蛆虫来收拾他”。这大概是生命常态，这就是顺生顺死，自自然然。

细思之下，对“生命的意义”的理解如此单纯，似乎就是遵循着“活下去，活着，倒下，死了”的程序，这未免太可怕了！因此，便有“次一等的聪明人”同“次一等的愚人”，试图对生命的价值与意义找出一个不同的结论，这就是“怎么样来耗费这几十个年头”。虽然同样是肯定生活，吃，喝，睡觉，吵架，恋爱，……然而却有了生活的得失取舍之别，于是，也就产生了分歧。

这分歧一看就明白的。大而化之，分歧就在于："聪明人要理解生活，愚蠢人要习惯生活"。聪明并不满足于现实，一切应比眼前更好，且致力追求理想。愚蠢人则满足于现实，安于现状，并顽固地安守这种现状。于是，在应对现实生活时，人们对这两种人却有完全相反的称呼：安于习惯的被呼为聪明人，怀抱理想的人却成愚蠢家伙。不同的人虽然同样有对"怎么来耗费这几十个年头"的思考，都试图寻找生存的意义和价值，即便择业相同，成就却不相同。我们总是发现：同样是画家都想征服颜色线条，同样是音乐家都想征服乐器音声的，雕刻家都想征服木石铜牙及其他材料，甚至于帝王都想征服人，思想家或教主都想征服人心信仰等，一切结果都大不相同。"世界上有大诗人，同时也就有蹩脚诗人；有伟大革命家，同时也有虚伪革命家"。至于两种人的目的不同，择业自然不同，这是一目了然的。

那些真正理解生命的价值与意义的人，虽也是肯定生活，但却致力于在生前死后使生命具有特殊意义和永久价值。这些人心性绝顶聪明，然其为人却好像"傻头傻脑"，历史上的释迦，孔子，耶稣，都是这种人。这种人或出世，或入世，或革命，或复古，他们活着都显得"很愚蠢"，但其死后却显得很伟大。屈原亦是这种人，在历史上这种人并不多。如果每一时代都有那么一两个，那就时代的幸运了。这种人虽然也只能活几十年，可是他的观念、他的思想、他的风骨、他的文章，却可以在人类的记忆里活上几千年。一切人生命都受时间的限制，这种人的生命又似乎不大受这种限制。

这就是时间的神奇。世事万物都在表征时间的具体可证，可是时间本身却又象是个极抽象的存在，时间是什么？从无一个人说得明白。关键在于，时间并不单独存在。时间无形、无声、无色、无味。要说明时间的存在，还得回过头来以世间事物来印证。从日月来去中、从草木荣枯中、从生命存亡中找证据。反讽的是，正因为有事事物物为时间作注解，结果是时间本身反倒被人疏忽了。所以，当多数人问到生命的意义同价值时，没有一个人敢说“生命意义同价值，只是一堆时间”而已。

唐朝诗人陈子昂仰天长啸“前不见古人，后不见来者”，这道出了生命意义同价值的真谛。在这句话中，诗人心中的寂寞可知！能说这话的自然了不起，而能真正理解这话的也自然值得称道。然而，放眼时下之人，能记得这两句话的也不在少数，却只有真正追逐心目中的理想，而不惧陷入牢狱，甚至被押赴刑场的仁人志士，才是最了解这两句话的意义。

因为说这话的人，如同懂这话的人，他们的生命旅程异途同归，即便总为现实所触动，但对理想执着却一往而如前。

他们的处世方式，他们所处时代，他们的环境甚至他们的遭遇均不相同；可是，他们有相同的心，能够为人类的发展而奋勇向前。

2.方声洞《禀父书》

父亲大人膝下，跪禀者，此为儿最后亲笔之禀，此禀果到家者，则儿已不在人世者久矣。儿死不足惜，第此次之事，未曾禀告大人，实为大罪，故临死特将其就死之原因，为大人陈之。窃自满洲入关以来，凌虐我汉人，无所不至。迨于今日，外患逼迫，瓜分之祸，已在目前，满洲政府犹不愿实心改良政治，以图强盛；仅以预备立宪之空名，炫惑内外之观听，必欲断送汉人之土地于外人，然后始大快于其心。是以满政府一日不去，中国一日不免于危亡。故欲保全国土，必自驱满始，此固人人所共知也。儿蓄此志已久，只以时机未至，故隐忍未发。迩者与海内外诸同志共谋起义，以扑满政府，以救祖国。祖国之存亡，在此一举。事败则中国不免于亡，四万万人皆死，不特儿一人；如事成则四万万人皆生，儿虽死亦乐也。只以大人爱儿切，故临死不敢不为禀告。但望大人以国事为心，勿伤儿之死，则幸甚矣。

夫男儿在世，不能建功立业以强祖国，使同胞享幸福，奋斗而死，亦大乐也；且为祖国而死，亦义所应尔也。儿刻已廿有六岁矣，对于家庭本有应尽之责任，只以国家不能保，则身家亦不能保，即为身家计，亦不得不于死中求生也。儿今日竭力驱满，尽国家之责任者，亦即所谓保卫身家也。

他日革命成功，我家之人皆为中华新国民，而子孙万世亦可以长保无虞，则儿虽死亦瞑目于地下矣。惟从此以往，一切家事均不能为大人分忧，甚为抱憾。幸有涛兄及诸孙在，则儿或可稍安于地下也。惟祈大人得信后，切不可过于伤心，以碍福体，则儿罪更大矣。幸谅之。

兹附上致颖媳信一通，俟其到汉时面交。并祈得书时即遣人赴日本接其归国。因彼一人在东，无人照料，种种不妥也。如能早归，以尽子媳之职，或能稍轻儿不孝之罪。临死不尽所言，惟祈大人善保玉体，以慰儿于地下。旭孙将来长成，乞善导其爱国之精神，以为将来报仇也。临书不胜企祷之至。敬请万福钧安儿声洞赴义前一日禀于广州。

家中诸大人及诸兄弟姊妹、诸嫂、诸侄儿女、诸亲戚统此告别。

二、死亡的必然性

有生必有死，死亡是人生的终点，每个人都必须面对，死亡也是一门必修课。死亡是一种自然现象，人死不能复生，所以每个人在生前往往通过亲朋好友去世、动物的死亡感悟死亡。认识死亡的必然性有助于人们坦然地、从容地面对死亡，减少恐惧与痛苦。

郁达夫在《说死以及自杀情死之类》一文中说，虽然“可惜中国人只在怕死，而没有想到死的必不能避免”，但不管我们有没有想到，能不能接受，“我们人类是时时刻刻，日日年年，在那里死下去的，今日之我，并非昨日之我，一刻前之我，当然不是现在的一刻之我了。”“死是全部的生物必须经过的最后的一重门”，人类亦然。

周作人的《死之默想》，通过对死之默想，发现世人怕死的三点原因：怕死时的苦痛，舍不得人世的快乐和顾虑家族。对此进行分析阐释，认为应平静接受死亡，享受生命有限的凡人生活是无上幸福的。

人终将死亡，尘归尘，土归土。所以，我们要做生活的智者，学会接受死亡，珍惜人生。

1. 郁达夫《说死以及自杀情死之类》（节选）

死是全部的生物必须经过的最后的一重门，但我们人类——尤其是中国人——仿佛对死这一件事情，来得特别的怕，因而在新年里，在喜庆场等地方，大家都不敢提到这一个字，以为不吉。其实我们人类是时时刻刻，日日年年，在那里死下去的，今日之我，并非昨日之我，一刻前之我，当然不是现在的一刻之我了。死，怕它干吗？照英国裴孔（1561—1626）说来，人对死的恐怖，是因见了临终的难过，朋友的悲啼，丧葬的行列，与夫死相的难看等而增加，正如小孩的恐惧黑暗，会因听了大人的传说而增加一样。伟大善良，有作为的人，是不怕死的。裴孔在他那篇论死的文章里，并且还引了许多赛乃喀、该撒、在诺的话在那里，教人不要怕死，教人须做好人，做事业，热心于令名的流传。但我想写这一篇论文的裴孔自身，当伤了风，睡在他朋友家里的冷床之上，到了将死的时候，一定也在那里后悔的，后悔着不该去做那一回冰肉的试验，致受了寒。哲人中间，话虽说得很透辟，年纪虽也活得相当的高，但对于死的恐怖，仍旧是避免不脱，到后来仍要去迷信鬼神的，很多很多。尤其年老的人，怕死更加怕得厉害，这只须读一读高尔基做的托尔斯泰的印象记，就可以晓得这位八十几岁的老先生对死是如何的恐怖了。

厌世哲学家爱杜华特·丰·哈尔脱曼，从科学的生物学的研究，而说到了人的不得不死。教人时时刻刻记住，生是偶然，而细胞的崩溃，与肉体的死去，却是千真万确，没有例外的。在这教训里，当然是可以使智者见智，仁者见仁，并不是在说，人横竖是要死的，还不是猫猫虎虎地过去一辈子就算了。反之，因感到了生也有涯，而知也无涯之故，加紧速力去用功做事业的人也不在少数，这原是死对人类的一种积极的贡献。再退一步说，假使中国的各要人，都能想到最后是必有一个死在那里等他的话，那从我们四万万穷苦同胞身上所绞榨去的一百三十万万的公债，及不知几千万万的租税等，都不会变成私人的户头，存到外国银行里去了。人是总有一死的，要昧尽天良，搜括这么许多钱干吗？这岂不是死之一念，对人类的消极的贡献？可惜中国人只在怕死，而没有想到死的必不能避免。厌世哲学，从这一方面看来，我倒觉得在中国还有大来提倡的必要。从厌世哲学里，必然要演绎出来的结论，是自杀。善哉，叔本华之言，“自杀何罪？”人之所以比上帝厉害的地方，就在上帝要想自杀，也死不成功（因为神是永生的），而人却可以以他自己的意志，来解决自己的生命。既然入世是苦，生存是空的时候，那自杀也不过是空中之空罢了，罪于何有？吃白食的宣教师们说自杀是罪恶，全系空谈，不通的立法者们，把自杀列入刑条，欲对自杀者加以重刑，尤其是滑稽得可笑。一个对死都没有恐惧的人，对于刑律的威胁，还有一点什么恐惧呢？

不过自杀既不是罪恶，而人生总不免一死的话，那直截了当，还不如大家去自杀去吧，倒可以免得许多麻烦。厌世哲学的真义，是不是在这里？这我想不但哈尔脱曼没有说过，就是厌世哲学的老祖宗叔本华也不在那么想的。否则像猴子似的这一位丑奴儿，何必要著他的《想象与观念的世界》，何必要见英国诗人贝郎而吃醋，何必要和他娘去为争财产而涉讼，何必要和一个同居的女裁缝师去打架呢？人之自杀，盖出于不得已也，必定要精神上的苦痛，能胜过死的时候的肉体上的苦痛的时候，才干得了的事情。若同吃茶喝酒一样，自杀是那么便利快乐的话，那受了重重压迫的中国民众，早就个个都去自杀了，谁还愿意去完粮纳税，为几个军阀要人做牛马呢？

……

——《申报·自由谈》，1932年12月，民国廿一年十二月廿二日

2.周作人《死之默想》

四世纪时希腊厌世诗人巴拉达思作有一首小诗道：（Polla laleis, anthrope–Palladas）“你太饶舌了，人呵，不久将睡在地下；住口罢，你生存时且思索那死。”

这是很有意思的活。关于死的问题，我无事时也曾默想过，（但不坐

在树下，大抵是在车上）可是想不出什么来，——这或者因为我是个“乐天的诗人”的缘故吧。但其实我何尝一定崇拜死，有如曹慕管君，不过我不很能够感到死之神秘，所以不觉得有思索十日十夜之必要，于形而上的方面也就不能有所饶舌了。

窃察世人怕死的原因，自有种种不同，“以愚观之”可以定为三项，其一是怕死时的苦痛，其二是舍不得人世的快乐，其三是顾虑家族。苦痛比死还可怕，这是实在的事情。十多年前有一个远房的伯母，十分困苦，在十二月底想投河寻死（我们乡间的河是经冬不冻的），但是投了下去，她随即走了上来，说是因为水太冷了。有些人要笑她痴也未可知，但这却是真实的人情。倘若有人能够切实保证，诚如某生物学家所说，被猛兽咬死痒酥酥的很是愉快，我想一定有许多人裹粮人山去投身饲饿虎的了。可惜这一层不能担保，有些对于别项已无留恋的人因此也就不得不稍为踌躇了。

顾虑家族，大约是怕死的原因中之较小者，因为这还有救治的方法。将来如有一日，社会制度稍加改良，除施行善种的节制以外，大家不同老幼可以各尽所能，各取所需，凡平常衣食住，医药教育，均由公给，此上更好的享受再由个人的努力去取得，那么这种顾虑就可以不要，便是夜梦也一定平安得多了。不过我所说的原是空想，实现还不知在几十百千年之后，而且到底未必实现也说不定，那么也终是远水不救近火，没有什么用处。比较确实的办法还是设法发财，也可以救济这个忧虑。为得安闲的死而求发财，倒是很高雅的俗事，只是发财不大容易，不是我们都能做的事，况且天下之富人有了钱便反死不去，则此亦颇有危险也。

人世的快乐自然是很可贪恋的，但这似乎只在青年男女才深切地感到，像我们将近“不惑”的人，尝过了凡人的音乐。此外别无想做皇帝的野心，也就不觉得还有舍不得的快乐。我现在的快乐只是想在闲时喝一杯清茶，看点新书（虽然近来因为政府替我们储蓄，手头只有买茶的钱），无论他是讲虫鸟的歌唱，或是记贤哲的思想，古今的刻绘，都足以使我感到人生的欣幸。然而朋友来谈天的时候，也就放下书卷，何况“无私神女”的命令呢？我们看路上许多乞丐，都已没有生人乐趣，却是苦苦的要活着，可见快乐未必是怕死的重大原因：或者舍不得人世的苦辛也足以叫人留恋这个尘世罢。讲到他们，实在已是了无牵挂，大可“来去自由”，实际却不能如此，倘若不是为了上边所说的原因，一定是因为怕河水比彻骨的北风更冷的缘故了。

对于“不死”的问题，又有什么意见呢？因为少年时当过五六年的水兵，头脑中多少受了唯物论的影响，总觉得造不起“不死”这个观念来，虽然我很喜欢听荒唐的神话。即使照神话故事所讲，那种长生不老的生活我也一点儿都不喜欢。住在冷冰冰的金门玉阶的屋里，吃着五香牛肉一类的麟肝凤脯，天天游手好闲，不在松树下着棋，便同金童玉女厮混，也不见得有什么趣味，况且永远如此，更是单调而且困倦了。又听人说，仙家的时间是与凡人不同的，诗云“山中方七日，世上已千年”，所以烂柯山下的六十年在棋边只是半个时辰耳，哪里会有日子太长之感呢？但是由我看来，仙人活了二百万岁也只抵得人间的四十春秋，这样浪费时间无稗实际的生活，殊不值得费尽了心机去求得他；倘若二百万年后劫波到来，就此溘然，将被五十岁的凡夫所笑。较好一点的还是那西方凤鸟的办法，活上五百年，便尔蜕去，化为幼凤，这样的轮回倒很好玩的，——可惜他们是只此一家，别人不能仿作。大约我们还只好在这被容许的时光中，就这平凡的境地中，寻得些许的安闲悦乐，即是无上幸福；至于“死后，如何？”的问题，乃是神秘派诗人的领域，我们平凡人对于成仙做鬼都不关心，于此自然就没有什么兴趣了。

——选自《雨天的书》，1924年12月作

三、死里求生

我们发现了死亡，我们体悟到了死亡，死亡是每一个人无法绕开的一道门。在必将到来的死亡面前，我们该如何对待生命？又将怎样进行

生活？假如死亡是一把悬在我们头上的达摩克里斯之剑，我们也甘愿被死亡的阴影所笼罩，那么我们的生命只能是灰暗的，生活必然是苍白的，一切的意义与价值无从谈起。但是假如我们有足够的勇气和智慧，就能在死亡营造的恐怖当中，赢得生机，激发生命的活力和生活的热情。

鲁迅先生的《生命的路》表达了这样的一种观念，即死亡并不是一件值得寂寞悲哀的事情，因为“生命的路是进步的”。先生认定，“生命不怕死，在死的面前笑着跳着，跨过了灭亡的人们向前进。”而如何开辟生命之路？就是“从没路地方践踏出来的，从只有荆棘的地方开辟出来的。”

俄国大文豪托尔斯泰在他的《忏悔录》中说，他曾“遭遇生命的瓶颈。开始迷茫、沮丧、丧失理智，受一个简单得不能再简单的问题困扰，那就是：我为了什么而活？”因为他发现了生命的真相，“真相就是——生命是彻底的虚无。”“除了死亡，生命的前方竟然什么都没有！”既然生命是一场虚空，无论一个人做了什么，取得了多大成就，到头来都要化为虚无，那么，人为什么而活呢？这确实是一个困局。

托尔斯泰在这本书中总结出了四种摆脱人生困局的方法，分别是无知、享乐、借力（主动毁灭生命）和懦弱。作者觉得第三种方法即借力是“最值得采用的方法，我也希望这样做”。然而，正如作者所言：“认识到生命毫无意义，我却无法自杀成功。”他感觉到了他对生命困局的理解有些不对劲，因为“整个人类，成千上万的人仍在忙于生计，却不曾怀疑过生命的意义”。所以，作者认为有必要继续思考和探索生命的意义问题，这种执着实际上也可以理解为死亡恐怖之下的一抹生机。

1. 鲁迅《生命的路》

想到人类的灭亡是一件大寂寞大悲哀的事；然而若干人们的灭亡，却并非寂寞悲哀的事。

生命的路是进步的，总是沿着无限的精神三角形的斜面向上走，什么都阻止他不得。

自然赋予人们的不调和还很多，人们自己萎缩堕落的也还很多，然而生命决不因此回头，无论什么黑暗来防范思潮，什么悲惨来袭击社会，什么罪恶来亵渎人道，人类的渴仰完全的潜力，总是踏了这些铁蒺藜向前进。

生命不怕死，在死的面前笑着跳着，跨过了灭亡的人们向前进。

什么是路？就是从没路的地方践踏出来的，从只有荆棘的地方开辟出来的。

以前早有路了，以后也该永远有路。

人类总不会寂寞，因为生命是进步的，是乐天的。

昨天，我对我的朋友L说："一个死人，在死者自身和他的眷属是悲惨的事，但在一村一镇的人看起来不算什么；就是一省一国一种……"

L很不高兴，说："这是Nature（自然）的话，不是人们的话，你应该小心些。"

我想，他的话也不错。

2. 托尔斯泰关于四种摆脱生命困境的方式

1879年，俄国大文豪托尔斯泰50岁，这正是一个作家处于其生命盛年之际，他开始创作《忏悔录》。该书被誉为世界三大忏悔录之一，与卢梭和奥古斯丁所作的《忏悔录》齐名。托尔斯泰的《忏悔录》是作者的精神自传，也是作者探索"生命意义"的心灵旅程。

托尔斯泰在书中自白，他对自己一贯坚守的"自我完善"，不断追求进步的人生信条产生了质疑，他哥哥痛苦地死去，更让他感到生的不可思议和死的令人费解。生命的虚无感让他的人生陷入迷茫和沮丧之中，他被"为什么活着？""怎样才能更好的生活？""生命将走向何处？"等等看似简单的问题所困扰而无法自拔。托尔斯泰借助一个东方寓言来描绘他感知的生命困境：一个旅行者被愤怒的野兽追逐准备跳入到一个深坑里保命，但他看见深坑中盘踞着一条张着血盆大口的巨龙。旅行者处于进退维谷的处境之中，爬上去会被野兽咬死，跳下去则被巨龙吞食。他只能牢牢抓住深坑边上的一根树枝悬吊在半空，突然又看见一白一黑两只老鼠在啃咬这根树枝，眼看树枝就要被咬断。旅行者意识到了自己必死的结局。这时他发现树叶上有一些蜂蜜，于是他伸出舌头去舔这些蜂蜜。托尔斯泰认为每一个人都岌岌可危地吊在这生命的枝桠上，巨龙之口代表了死亡，两只老鼠代表了白天黑夜，它们对树枝的啃食意味着时光和生命的流逝，而蜂蜜代表了生命中的慰藉乃至假象。如何对待这一生命困局呢？托尔斯泰认为无法从现存的知识体系中得到满意的答案，只能求助于生活。他通过观察身边的人群的生活寻找摆脱困境的方法。他在《忏悔录》的“自杀未遂”一章中总结出了“四种摆脱生命困境的方式”。

第一种方式是无知。托尔斯泰认为这种无知表现为人们对于生命中的荒谬与罪恶的蒙昧状态。这类人主要是妇女，或者非常年轻的人或者非常懵懂愚昧的人，他们不了解苏格拉底、叔本华、所罗门、释迦牟尼等贤哲探讨过的有关生命的课题。托尔斯泰认为这是一群对生命必定走向死亡的宿命而视而不见，对生命的意义麻木不仁的人群。在这类人苍白的视野中既看不到张着大嘴的死亡巨龙，也看不到啃噬人们生命树枝的时间老鼠，只是沉溺于吮吸蜂蜜的快感之中。托尔斯泰指出，这样的享受只是暂时的，总有一天他们会发现巨龙和老鼠，那时甜蜜也就不复存在了。他肯定不能从这些人身上学到什么，他既然已经知道了生命的虚无，就不可能再退回到无知的状态。

第二种方式是享乐。在托尔斯泰看来，这种方式是人们已经看清了生命的困境后，心安理得地享受当下的幸福，既不理会巨坑底下的巨龙，也不在意身边的老鼠，而是心满意足地用最舒服的方式舔食树叶上的蜂蜜。蜂蜜越多，人们越是忘乎所以。托尔斯泰引用所罗门的一段话来描述这种方法：

我赞美快乐，人生活于阳光之下，最好的生活状态莫过于吃喝玩乐，因为既然上天赐予人一生的时光，人们就要懂得从忙碌中享受劳动成果。人们只管去欢欢喜喜地吃饭，快快乐乐地喝酒……和自己所爱的人欢度时光，因为人生苦短，理当尽情享受所得。努力去做自己分内的事情，因为人终归一死，死后则将失去一切，包括工作、算计、知识和智慧。

托尔斯泰认为这主要是富裕阶层（贵族、地主阶层）乐于采用的方式。这个阶层所处的地位和条件能够使他们的生活幸福多过困苦，而这些人在道德上的冷漠又让他们常常忘记他们所拥有的有利地位其实只是出于偶然。托翁坚信不可能人人都可以像所罗门一样拥有一千个女人和一座宫殿。因为如果一个男人占有了一千个女人，就会有一千个男人无法娶妻；如果一个人拥有一座宫殿，就必然会有一千个汗流浃背建造宫殿的苦力。今天我“偶然”地成为所罗门，明天也能“偶然”地成为所罗门的奴隶。在托尔斯泰看来，这群人缺乏必要的想象力，他们可能会忘记生命不可避免地要遭遇疾病、衰老和死亡，而这些正是让释迦牟尼寝食难安的原因，因为这些东西早晚有一天会把欢乐化为灰烬。托尔斯泰认定，秉持这种生活方式的人大体都崇尚享乐原则，并将他们贫乏的思维和想象力自我美化为积极哲学。但在托翁的眼里，即便如此，也不能把他们与只知道舔食蜂蜜的那一类无知的人区别开来。托尔斯泰说自己不能去模仿这些人，因为他没有那样愚钝的想象力，更不能人为地在自已身上制造出这种愚钝。托尔斯泰坚定地认为自己不能无视象征死亡不可避免的巨龙和象征时间昼夜流逝的老鼠的客观存在。

第三种方式是借力。托尔斯泰说，所谓借力就是看穿了生命的罪恶和荒谬的本质之后，摧毁生命。托尔斯泰认为只有少数意志坚定的人能够这样去做。他说，当人们清楚地意识到生命只不过是一场虚空，一个愚蠢的玩笑时，他们就会明白死比生更好，从没有来到这个世界的人才是幸福的，因此要挣脱虚无感，结束这个愚蠢的玩笑最为可行的办法就是死亡。他说摆脱生命方法很多，包括上吊、投河、用刀刺进心脏、卧轨等等。托尔斯泰发现采用前述自杀手段结束生命的人越来越多，而且大部分是精力充沛的青壮年，因为这类人在面对生命困境时始终能够保持清醒的头脑。

第四种方式是懦弱。托尔斯泰说，之所以说这是一种懦弱，是因为选择这种方式的人能够清晰地意识到生命的罪恶和荒谬，也知道生命的指向除了虚无什么也不是，却仍然选择继续苟活。他们懂得死比生好的道理，但却没有能力和勇气去终止这场欺骗。托翁认为他们苟延残喘，或许是因为仍然心存幻想，以为生命似乎还值得期待。托翁认为这种懦弱的方法具有一定的自我麻醉的功能，因为人们会觉得这既然是最好的方法，而且又触手可及，付诸行动岂不是顺理成章？托尔斯泰自认是这类人当中的一员。

托尔斯泰总结说，人类要摆脱可怕的生命困境，除去使用上述四种方法之外，似乎别无他途。托翁概括道，第一种方法是因为无知，无法意识到生命的虚无和罪恶的内核，所以选择浑浑噩噩地活着，作者表示无法苟同这样的方式。第二种方法其实就是接受现实，得过且过，不去考虑未来，甚至刻意回避生老病死的必然性，托翁明确表示他做不到。此外，他也更不愿意把生命交由不可捉摸的偶然性去支配。第三种方法是洞察了生命的真相后，选择主动停止生活并自杀。托尔斯泰心仪这一方法，却到底不是自杀身故。至于第四种方法，托尔斯泰认为是所罗门和叔本华这类人选择的生活，明知道生命就是一个愚蠢的玩笑，却依然活得有滋有味。托翁表示很反感这种方式，却依然处于这样一种状态之中。

第二章　在回望中守护生命尊严

生命尊严指人和具有人性特征的一切生命体，拥有应有的权利，同时这些权利理应得到他人或其他生命体的尊重。人的生命尊严要求一个人作为人的权利要得到基本的尊重，这种尊重涉及人的生和死两个方面的尊严问题。一个人的生命尊严是否得到尊重，与他的尊严感息息相关。生命尊严感是一种主观心理状态，是一个人对自己生命状态的合理期待与实际遭遇之间差距的感知。期待越是得到实现，尊严感越强烈，反之，尊严感越受到损害。守护生命尊严，强化人的生命尊严感起码包含两个方面的基本诉求。

一是承认并尊重生与死的权利。我们通常只是把生与死视为一种自然状态与结果，而忽略人对生与死的自主权利，排斥人面对生死的自由意志。其实，崇尚生命的美好并不等于狭隘的生存崇拜，生命的尊严更不是简单的生命存续就可以自然确立。我们认为，承认人具有生死自主的权利，并非要助长或放任对生命的草率处置的观念和行径，恰恰相反，尊重这种权利是体现生命尊严的重要内涵。如果一个人在生死问题上只能无可奈何地听任他人的摆布，完全没有力量彰显自我意志，那么，他的生命尊严就根本无法得到保障。

二是承认并维护一个人对生死状态的自我诉求。这实际上就是一个怎么生、怎么死的问题。追求美好生活是守护生命尊严的外显，美好生活固然需要好的生存品质去注解，却也离不开“死亡质量”的“帮衬”。古人追求“善终”，并把“善终”列为五福之一，《尚书》记载的“五福”是：寿、富、康宁、攸好德、考终命。而“考终命”就是善终，因此，“善终”在中国传统文化中就是美好生活的一部分。可见守护生命尊严蕴含了“优生优死”的理念和追求，即对于生死质量问题的探索，希望活得有品质，死得有尊严。然而何为优生，何为优死，是一个与个体生命体验密切相关的事情，不同的人常常会有不同的答案，极富个性色彩，因而当事者的意愿能否得到理解与尊重，成为他能否保全生命尊严的关键。

守护生命尊严，通过“生死自主”和“优生、优死”两个维度来体现。本章根据这两个视角选取有代表性的文献资料。

一、生死自主

自由和自主在现代社会被视为基本人权，获得了普遍性的价值认同，甚至有人把它们置于生命上，宣称“不自由，毋宁死”。究其根源还是在于自由、自主这一权利在一定程度上诠释了生命尊严。然而这一在人类生活中得到推崇的权利在人类如何对待生死的问题上却遭遇了挑战。人在生死面前是否拥有自主的权利？这是一个敏感和富有争议的话题。我们认为，在生命尊严的本然逻辑的展开场景中，人类应当具有选择生死的权利。

首先，人的生死失控与生命尊严的保有是相悖的。中国历史上曾经存在的“君要臣死，臣不得不死；父要子亡，子不得不亡”的现象，是个体生命在封建君权和父权压抑下的极端表现，没有人会认为一个人在这种生死完全失去自主的情况下还存在所谓的生命尊严。其次，生命尊严包含生的尊严和死的尊严，但是世上不如意事常八九，没有人可以保证自己能够始终有尊严地活着。当生的尊严无可挽回地被践踏，甚至生命越是挣扎，屈辱感、挫败感越是强烈的时候，赋予个体生命主动地选择有尊严的死的权利，可以理解为生命主体对保全生命尊严的最后“救赎”。最后，承认人具有生死自主的权利并不必然导致对生命的轻率处置。事实上，生命的本能以及超越本能寻求生命意义的力量始终凌驾于“求死”的冲动。而且，生死抉择终究是立足于生命尊严的基础之上，肯定生死选择的意义其实是另一种探寻生命尊严的路径。相比较而言，这种探寻比一味地要求一个人无条件地承受身体和精神无法承担的苦难去宣示生命尊严的观念和实践更为合理。总之，生死自主是维护生命尊严的重要条件。

1918年11月，文化名人梁济在他60岁生日的前几天，在北京投湖自尽。从他的遗书中可以窥见他取死的态度和原因，他说："今世风比二十年前相去天渊，人人争名攘利，骄谄百出，不知良心为何事。"即当梁济发现内心的道德坚守与不断沦丧的社会发展趋势格格不入却又无能为力时，就觉得无颜存活于世，不敢"享清闲安逸之福"。他的教养告诉他"不肯蹈死，则天地生我，父母教我，以及数百年风会之浸渍我，数十年师友之观摩我，乃尽付之东流。而我数十年所欲有为于世者，乃终无一所施，实大负我母寒宵授课之苦心！夫天既置我于一兴一亡之时代，是欲令我作兴亡时代之事也，恰好当作此事而不为，自觉于良心上、天职上太过不下去，盖手无权柄不能为吾所欲为，故以一死讽世"。其实，在他始作于1912年的《别竹辞花记》中，就传递了这样的一个意思：实际上他完全可以不死，而且还"大可清闲安逸，自寻乐趣"，也决不会招致社会的非议。但是"将社会弊端、国家秕政、人民困苦、世教凌夷，一切不管"的做法不符合他作为一个笃诚儒者心怀天下的强烈责任感，所以他毅然决然地选择了以自杀的方式去表达他"以死义救末俗"的深沉意念，完成了一个儒者最后的使命。

周瘦鹃在《杨彭年手制的花盆》一文中说，"在旧社会，我经过了重重的国难家难，心如槁木，百念灰冷，既勘破了名利关头，也勘破了生死关头，"流露出这世界"如此丑恶，那么活着既无足恋，死了又何足悲"的厌世情绪，甚至公开在报纸上发文提倡火葬，并要在死后把"骨灰装在一只平日最爱好的杨彭年手制的竹根形紫砂花盆里"。此时，他对别人好意的不要"如此衰飒"的劝慰不以为然，这实际上也隐晦地表达了一种生死自主的意识。但是"新中国成立以来，我看到了祖国的奋发有为，突飞猛进，我的心情也顿时一变，由消极变为积极，由悲衰变为愉快。我要好好地活下去，至少要活到一百岁"。他重新找到了活着的意义，并表示"我要把我一切的力量贡献与祖国，我要看到社会主义新中国的实现，和全国人民熙熙然如登春台同享幸福”。同时他还表现出对自己万一“不幸而害了不治之症，看不到共产主义新中国的实现就撒手人世”的担心，表达了对“生”的无限向往之情。

1.梁济《别竹辞花记》（节选）

每当疲劳困苦已极之时，辄喟然曰：几时修得消闲安逸，领略人生乐趣？夫吾欲清闲安逸、领略乐趣亦非甚难，只将社会弊端、国家秕政、人民困苦、世教凌夷，一切不管，与一般流俗同一见解，方谓人生不过如此，何必计较是非，则此心毫无所忧，大可清闲安逸，自寻乐趣。设我入民国后，不但不坚决辞职，而且苟求富贵利禄，所得之财，大之则供蕃菜、马车、花酒、牌局，小之亦能衫履投时，烟茗适口，以细娱为正荣，以靡丽为文明，以唱戏为美术，诩诩然侪于新人物之列，而不解新智识真正理由，似此浮佻庸俗之身何尝不清闲安逸！亦有高于此数等者，青岛、上海悠然高蹈，不啻世外人得桃源，托足亭台、池沼、花木、图书，或著作自娱，或钓游自适，既得心旷神怡之乐，又成高人遗老之名；又或日以饮酒赋诗陪侍贵胄为事，京辇浮沉，长安行乐，真以听戏、吃馆为务；或研究丝弦宫尺，或快适口腹、烹调，逐队于浮华浪荡之场，置身于怠惰偷安之列，以及遇堕落之人不存悲悯，蹈狭邪之行谬诩疏狂，纵欲恣情，事难枚举。此就习俗最显著言之，若此种种皆非我力之所能为、我心之所欲为也。夫我之所欲领略者，不过寒士贫居清风明月之趣味，非甚难得之事也。

……

抑吾之地位在他人视之可以不死者也，既未受清朝显爵，并未食一日之俸，今人于食焉不避其难之义尚且不讲，况余未曾食俸者，又非素有品望，负海内重名，为万人所仰瞻，不死不足以维持世道人心者。假使吾以辞职为已尽吾责，而于社会弊端、国家秕政、民生困苦、世教凌夷坐视不问，在积水潭葛巾野服，萧散徜徉，常向播稻之人，课晴问雨，有时咏“独立衡门秋水阔，寒鸦归去日衔山”“荡胸生层云，决眦入归鸟”等句，则心中悠然自得；或回至缨巷与儿女团绕笑言，料理笔床茶灶，自比嫠妇残年，疏粝安贫，盐齑送老，春秋佳日行乐及麈，雅俗随我自为，但取一身安乐，并可自加解说，谓世道沦胥乃大众使之沦胥，非我使之沦胥也，如此，则苟活十年真可享清闲安逸之福。

2.周瘦鹃《杨彭年手制的花盆》

在旧社会，我经过了重重的国难家难，心如槁木，百念灰冷，既勘破了名利关头，也勘破了生死关头。我本来是幻想着一个真善真美的世界的，而现在这世界偏偏如此丑恶，那么活着既无足恋，死了又何足悲？当时我在《新闻报》上发表了一篇提倡火葬的文字，结尾归纳到自己的身后问题，就是要把我的骨灰装在一只平日最爱好的杨彭年手制的竹根形紫砂花盆里，倒像是立了遗嘱似的。恰恰被这位七十五岁的前辈先生读到了，就责备我道：“你才过五十，如日方中，为什么如此衰飒，这是万万要不得的。做人总是这么回事，不如提起兴致来，过一天算一天，千万不要想到死的问题。就是我年逾古稀，还是生趣盎然，从没有给自己身后打算过呢。”我因前辈先生的规劝，原是一片好意，未便和他老人家争辩，只得唯唯称是。

过了一天，又有一位爱好花木的同志赶到我家里来。他倒并不反对火葬，却要瞧瞧我将来安放骨灰的那只最爱好的花盆。抗日战争期间，我住在上海，人家正在投机囤货，忙着发国难财，我却什么都不囤，只是节衣缩食，向古董铺子里搜罗宜兴陶质的古花盆，这其间倒也含有些抗日意义的。原来日本人爱好盆栽，而他们自己却做不出好盆，据说先前曾把宜兴蜀山的陶泥装运回去，尽力仿制，而成绩不良，因此专在吾国搜买古盆，凡是如皋、扬州、淮安、泰县各地，都有他们古董商人的足迹。那边有许多旧家，祖上都是癖爱花木的，而子孙却并不爱花，就把传下来的古盆一起卖给他们，数十年来，几乎都被收买完了。上海的古董商人投其所好，也往往以古盆卖给日本人，可得善价。我以为这也是吾国国粹之一，自己要种花木，而没有一个好好的古盆，岂不可耻！

所以在太平洋战争爆发以前的几年间，我专和日本人竞买，尽我力之所及，不肯退让。在广东路的两个古董市场中，倒也薄负微名，我每到那里，他们就纷纷把古盆向我兜揽。一连几年，大大小小的买了不少，连同战前在苏州买到的，不下百数。就中有明代的铁砂盆，有清代萧韶明、杨彭年、陈文卿、陈用卿、爱闲老人、钱炳文、陈贯栗、陈文居、子林诸名家的作品，盆底都有他们的钤印，盆质紫砂、红砂、白砂，什么都有，这就算是我的传家之宝了。

现在那位爱花同志来问我打算把哪一只最爱好的花盆安放骨灰，一时倒回答不出来。记得苏州一位创办火葬场的戎老先生说：火葬时倘不穿衣服，约得重三磅之谱；而我所最爱好的花盆，有很大的，也有很小的，似乎都不相称。末了才想起那只杨彭年手制的竹根形紫砂盆来，不大不小，恰好容纳得下三磅的骨灰。杨氏是乾嘉年间专替陈曼生制砂茶壶的名手，这一个盆子确是他的得意之作。里胎指痕宛然，表面有浮雕的竹节和竹叶，并刻着一首七言律诗，笔致遒逸可喜。我本来对它有偏爱，平日陈列在玻璃橱中，不肯动用，这时拿出来给那位同志仔细观赏。他也觉得给我一个花迷作“饰终”之用，再合适也没有了。我想将来安放了骨灰之后，还得加以装饰，在盆面上插几枝云朵形的灵芝。再把一块灵莹石作为陪衬，就供在“梅屋”中那只洛阳出土的人马图案的大汉砖上，日常有鲜花作供，好鸟作伴，断然不会寂寞。到了梅花时节，更包围在香雪丛中，香生不断，这真是一个最理想的归宿。要不是火葬，你能把灵柩供在家里吗？所成为问题的，却是亡妇凤君已长眠在灵岩下的绣谷公墓中，我的墓穴也预备了，将来要是不去和她同葬一起，她就得永远地孤眠下去，怕要永远抱恨的。唉！活着既有问题，死了还有问题，且待将来再说吧。

新中国成立以来，我看到了祖国的奋发有为，突飞猛进，我的心情也顿时一变，由消极变为积极，由悲衰变为愉快。我要好好地活下去，至少要活到一百岁。我要把我一切的力量贡献与祖国，我要看到社会主义新中国的实现，和全国人民熙熙然如登春台同享幸福。到那时我即使死了，也不必再借那只心爱的花盆来作归宿之所，愿意把我的骨灰撒遍祖国的大地，使膏腴的土壤中开出千百万朵美丽的花来，装点这如锦如绣的大好河山，向我可爱的祖国献礼致敬！

可是“天有不测风云，人有旦夕祸福”，万一我不幸而害了不治之症，看不到共产主义新中国的实现就撒手人世了，这……这……这怎么办呢？但是想到了祖国有希望，有办法，这一天终于会来，也就死而无憾。我愉快地先来把南宋爱国大诗人陆放翁那首临终的名作改上十个字，以示我的子女：

死去元知万事空，我生幸见九州同。他年大业完成后，家祭无忘告乃翁。

二、优生优死

生而在世，必须要有尊严，既有生之尊严，也有死之尊严，做到“优生优死”。“优生”是一个怎么活、什么样的生存状态才是有尊严的问题；“优死”则是一个关于死亡尊严的问题，即怎么死才能彰显生命最后尊严。生与死的尊严都与生命主体的主体意志相关，生命尊严固然离不开生命主体在生死之间的自主选择权利来保护，却更集中地体现在人们对生存状态和死亡状态的选择能力上。事实上，对“优生优死”的追求更接近人们守护生死尊严的生命常态。

近年来“优生优死”的理念逐渐普及，相关认识也在不断深化。比如人们对“优生”的理解早已超越片面的“追求长寿”，而是希望拥有更长的“健康寿命”；进而“优生”的内容开始溢出生理生命的范畴，渗入社会生命、政治生命、艺术生命等因素，生命品质的内涵得到充实，生命尊严的命题得以彰显。与此同时，对于“优死”的关注也日渐高涨，“死亡品质”，即当生命走到尽头时，选择如何离开才能尽量减少痛苦，赢得最大尊严的观念也渐入人心。“优生优死”涉及死亡之将至对余生状态的向往和安排以及怎样保持尊严地离开人世的重大诉求。无论是实现“优生”的目标，还是达成“优死”的愿望，无一不关乎生命主体的意志自由。

苏联著名作家法捷耶夫在1956年5月留下绝笔书，声称找不到“再活下去的理由”，原因是他为之“奉献终身的艺术”被扼杀。他说：“作为作家我的生活失去任何意义，我极其愉快地摆脱这种生活，有如离开向我被泼卑鄙、谎言和诽谤脏水的世界。”一个作家，当他的艺术生命被践踏后，就失去了继续活着的意义了。

周作人先生写过一篇文章叫《死法》。文章说：“世间死法共有两大类，一曰‘寿终正寝’，二曰‘死于非命’”；作者分析“寿终的里面又可以分为三部”，其中“大多数人的运命还只是轮到病故。”而病故这种死法其实并不和善，患病而亡“快的一两天还算是慈悲，有些简直是长期的拷打”，这与大家“避苦求乐之意实属大相径庭，所以欲得好的死法，我们不得不离开了寿终而求诸死于非命了”。因为“非命的好处便是在于它的突然，前一刻钟明明是还活着的，后一刻钟就直挺地死掉了，即使有苦痛（我是不大相信）也只有这一刻，这是他的独门的好处”。接着作者又列举和分析了各种非命死法的利弊，最后总结道：“枪毙，这在现代文明里总可以算是最理想的死法了。”归根结底被枪毙这种死法最简单，而“简单就是安乐，这比什么病都好得多了”。作者的行文风格颇为戏谑调侃，他在文后也承认“上文所说有些是玩话”，但是又强调“里边的话和意思都是我自己的”。不管我们如何解读作者的意思，这篇文章都在一定程度上反映了人类对“好死”的向往，也表达了人们对死亡尊严的执着。

选文从各自的立场揭示了“优死”与维护生命尊严的关系。

1.〔苏联〕法捷耶夫《绝笔信》（有改动）

事到如今，我已经找不到任何活下去的理由。为之奉献终生的艺术已被自负而又无知的党领导所扼杀在摇篮里，已经到了无法挽救的地步。在当权者的纵容下，优秀的文学干部或被直接判处死刑，又或者折磨致死。被残害的优秀文学干部之多，甚至连历年沙皇暴君也难以想象。优秀文学人才过早离开人世，余下的能够创作具有真正价值作品的人，也活不过四五十岁。

文学，作为最神圣的事业，遭到官僚主义分子和人民当中最落后分子的蹂躏，甚至“最高论坛”如莫斯科党代表大会或二十大的讲坛，都提出了“把文学抓住”的新口号。

而那条“改正”文学现状的路线实在令人愤慨。拼凑一帮无知的人，除为数不多的几个因遭受迫害而无法讲真话的人外，做出完全违背列宁主义的结论。这结论来自于在“棍子”威胁下的官僚主义的积习。

列宁在世时，我们这代人怀着何等自由和开拓世界的感觉步入文学，心里充满着用之不竭的力量，创作出并仍能创作出许多完美的作品啊！而列宁死后我们被贬低到最低地位，甚至被消灭，被意识形态恫吓，却将其称之为“党性”。现在，到了一切都能改正的时候，肩负改正的人所表现出的却是粗浅、无知和无以复加的自负。文学落入平庸、卑劣和爱记仇的人的手中。而那些少数心存火的人却陷入了最下贱的处境，更何况这些人年事已高，不久于人世，心中已无任何创作欲望。

我为共产主义伟大创作而生，十六岁便同党、工人和农民结合在一起，并且上天给予了我以非凡才华与与人民生活而能产生的崇高情怀。同时，人民生活又同共产主义美好的理想结合在一起。但是，时代却我变成一匹拉车的马，一生吃力地拉着不计其数的平庸的、不合理的、任何人都能胜任的官僚主义事务。甚至，当我总结自己一生的时候，许多呵斥、训斥、训诲以及思想意识的毛病向我袭来。而我本来是渗透着真正的、质朴共产主义的天才，是我国优秀人民引以为荣的人。文学，作为新制度的最高产物，已被玷污、戕害、扼杀。暴发户们在以列宁学说宣誓时，他们的自负就已背离伟大的列宁学说，使得我对他们完全不信任，因为他们更恶劣。而后者还算有知识，而这些人不学无术。

作为作家，我的生活已经失去任何意义，我极其愉快地摆脱这种如向我泼卑鄙、谎言和诽谤脏水的世间生活。

最后想向掌管国家权力的人说，尽管我多次求见，但是三年以来从未见我。

请把我安葬在母亲墓旁。

——一九五六年五月十三日，亚·法捷耶夫

2.周作人《死法》

“人皆有死”，这句格言大约是确实的，因为我们没有见过不死的人，虽然在书本上曾经讲过有这些东西，或称仙人，或是“尸忒卢耳不卢格”（Strulbrug），这都没有多大关系。不过我们既然没有亲眼见过，北京学府中静坐道友又都剩下蒲团下山去了，不肯给予凡人以目击飞升的机会，截至本稿上版时止本人遂不能不暂且承认上述的那句格言，以死为生活之最末后的一部分，犹之乎恋爱是中间的一部分，——自然，这两者有时并在一处的也有，不过这仍然不会打破那个原则，假如我们不相信死后还有恋爱生活。总之，死既是各人都有分的，那么其法亦可得而谈谈了。

统计世间死法共有两大类，一曰“寿终正寝”，二曰“死于非命”。寿终的里面又可以分为三部。一是老熟，即俗云油尽灯干，大抵都是“喜丧”，因为这种终法非八九十岁的老太爷老太太莫办，而他们此时必已四世同堂，一家里拥上一两百个大大小小男男女女，实在有点住不开了，所以他的出缺自然是很欢送的。二是猝毙，某一部机关发生故障，突然停止进行，正如钟表之断了发条，实在与磕破天灵盖没有多大差别，不过因为这是属于内科的，便是在外面看不出痕迹，故而也列入正寝之部了。三是病故，说起来似乎很是和善，实际多是那“秒生”（Bacteria）先生作的怪，用了种种凶恶的手段，谋害“蚁命”，快的一两天还算是慈悲，有些简直是长期的拷打，与“东厂”不相上下，那真是厉害极了。总算起来，一二都倒还没有什么，但是长寿非可幸求，希望心脏麻痹又与求仙之难无异，大多数人的运命还只是轮到病故。揆诸吾人避苦求乐之意实属大相径庭，所以欲得好的死法，我们不得不离开了寿终而求诸死于非命了。

非命的好处便是在于他的突然，前一刻钟明明是还活着的，后一刻钟就直挺地死掉了，即使有苦痛（我是不大相信）也只有这一刻，这是他的独门的好处。不过这也不能一概而论。十字架据说是罗马处置奴隶的刑具，把他钉在架子上，让他活活地饿死或倦死，约莫可以支撑过几天；荼毗是中世纪卫道的人对付异端的，不但当时烤得难过，随后还剩下些零星末屑，都觉得不很好。车边斤原是很爽利，是外国贵族的特权，也是中国好汉所欢迎的，但是孤零零的头像是一个西瓜，或是“柚子”，如一位友人在长沙所见，似乎不大雅观，因为一个人的身体太走了样了。吞金喝盐卤呢，都不免有点妇女子气，吃鸦片烟又大有损名誉了，被人叫作烟鬼，即使生前并不曾“与芙蓉城主结不解缘”。怀沙自沉，前有屈大夫，后有……倒是颇有英气的，只恐怕泡得太久，却又不为鱼鳖所亲，像治咳嗽的“胖大海”似的，殊少风趣。吊死据说是很舒服（注意：这只是据说，真假如何我不能保证），有岛武郎与波多野秋子便是这样死的，有一个日本文人曾经半当真半取笑地主张，大家要自尽应当都用这个方法，可是据我看来也有很大的毛病。什么书上说有缢鬼降乩题诗云：目如鱼眼四时开，身若悬旌终日挂（记不清了，待考；仿佛是这两句，实在太不高明，恐防是不第秀才做的）。又听说英国古时盗贼处刑，便让他挂在架上，有时风吹着骨节珊珊作响（这些话自然也未可尽信，因为盗贼不会都是锁子骨，然而“听说”如此，我也不好一定硬反对），虽然有点唐珊尼爵士（Lord Dunsany）小说的风味，总似乎过于怪异——过火一点。想来想去都不大好，于是乎最后想到枪毙。枪毙，这在现代文明里总可以算是最理想的死法了。它实在同丈八蛇矛咔嚓一下子是一样，不过更文明了，更便利了，不必是张翼德也会使用，而且使用得那样的广和多：在身体上钻一个窟窿，把里面的机关搅坏一点，流出些蒲公英的白汁似的红水，这件事就完了，你看多么简单。简单就是安乐，这比什么病都好得多了。三月十八日中法大学生胡锡爵君在执政府被害，学校里开追悼会的时候，我送去一副对联，文曰：

什么世界，还讲爱国？
如此死法，抵得成仙！

这末一联实在是我衷心的颂辞。倘若说美中不足，便是弹子太大，掀去了一块皮肉，稍为触目，如能发明一种打鸟用的铁砂似的东西，穿过去好像是一支粗铜丝的痕，那就更美满了。我想这种发明大约不会很难很费时日，到得成功的时候，喝酸牛奶的梅契尼柯夫（Metchnikoff）医生所说的人的“死欲”一定也已发达，那么那时真可以说是“合之则双美”了。

我写这篇文章或者有点受了正冈子规的俳文《死后》的暗示，但这里边的话和意思都是我自己的。又上文所说有些是玩话，有些不是，合并声明。

1926年5月

案，所说俳文《死后》已由张凤举先生译出，登在《沉钟》第六期上。一九二七年八月编校时再记。

——1926年5月作，选自《泽泻集》

第三章　在回望中表达生死态度

态度是人们对事物的情感与认知的表现形态，并以人的行为作为外在体现。相应地，生死态度是指人们对生命的生与死的情感与认知状态，涉及一个人面对生死的精神活动以及由此表现出来的外在行为。

生死态度是生死观的内核，因为生死观无非是人们对生与死的根本看法和态度。一切生命有生必有死，这是客观事实也是生命规律，任何生灵都逃不脱诞生、壮大和消亡的自然过程。但是身为万物之灵的人类，却有一个怎样对待生死的态度问题。不同的人对生与死会有不同的价值立场，从而形成不尽相同的生死观。

生死态度涵盖对“死亡”这个现象的认知与情感，更包含对“我的死亡”这个现实的态度。当一个人生死观的建构仅仅基于对“死亡”这种司空见惯的日常现象的感知时，所谓生死态度就是一个“死亡旁观者”的所见所闻所思形成的认知与情感体系，在他的生命意识里，死亡实际上是缺席的，因为死亡仅仅是别人的死亡，和自己的生命起码不存在紧迫的关联，那么此时他的死亡意识就还没有觉醒，也就无法通过他的作为“知识体系”的生死态度实际影响他当前的生活。只有死亡对“我的生命”形成真实的冲击之时，当“我的死亡”演变成真切的现实之时，生死态度才会真正进入人们的生死意识，成为对外界表现自我的方式。

本章关于生死态度的解读立足于“我的死亡”的系列文献之上。有的表现为对生的眷恋对死的抗拒，有的表现为对死亡的坦然处之，有的表现为对死亡的向往，有的则表现为对超越生命的价值的崇尚，不同的选择为我们提供了理解生死态度丰富的素材。

一、拥抱生命，拒绝死亡

爱生恶死是生命的自然本性，保存生命、抗拒死亡也是一切生命存续的基础。因此拥抱生命、抗拒死亡是最为基本、最为常态的生死态度。我国历来就有“好死不如赖活”“蝼蚁尚且偷生，何况人乎”的理念，这佐证了爱生恶死这种生死态度的合理性。确实，人的尊严和价值都建基于“活着”的前提上，只要生命与有尊严、有价值不存在根本冲突，一切对死的恐惧与厌恶都不应该被鄙视，一切对生的热切与向往都应该得到正面的响应。

英国作家毛姆认为自己对生命没有非常强烈的本能的执着，他说起几次重病的经历，甚至有一次处于濒临死亡的边缘，那时候他感觉“疲惫得不知恐惧，只想终止挣扎”。他还说“有时候我一瞬间是那么激动地迫切冀求死亡，恨不得插翅扑去，有如扑进情人的怀抱”。他“陶醉在这种思想之中。在那些时刻，它好像赐予了我最后的绝对自由”。尽管毛姆不那么惧怕死亡，但是保持健康的前提下他“还是愿意活下去”，因为他“惯于生活在未来之中”，他“欣赏这五光十色的世界”，对这个世界将发生的一切颇感兴趣。

〔英〕威廉·萨默塞特·毛姆《死亡与人生的形式》

斯宾诺莎说过，一个自由的人极少会想到死亡。因为实在是没有什么必要去考虑它。但是如果大家都不去想它，从来也不想去认识它，那好像也不太正常。

每个人都应该对死亡有一定的认知。

当死神还没有来到我们面前时，没有人能清楚地知道自己到底怕不怕死。我经常努力地去想象，如果有一天某个医生对我说，我得了绝症马上就要死了，再也活不了多久了，我听了以后会是什么样的反应。我也曾试着把这些反应通过我所创作出的人物表达出来，但是我知道这并不是我自己真实地感受到的，而是我把自己沉浸在这种场景中想象出来的感受。

我自己对生命并不是特别的珍惜和热爱。我得过好几次非常严重的病，有一次差点就要死了：当时我被病魔折磨得痛苦不堪，筋疲力尽，已经忘记了害怕，只想着早点结束这一切。

死亡是谁也无法回避的，不管最后是用什么样的方式死掉。一些人希望以后可以没有痛苦地死去，永远不用直面死亡的威胁，我很理解他们的想法。

一直以来，我都习惯于去想象将来可能会发生什么事。即便是现在，我留在世上的时日已经不多了，我还是会去想一下我的明天会是什么样子的。我暗暗地祈祷，希望能够在未来不多的日子里，按照我设想的模式走完我的一生。

有时候，我活得太痛苦了，于是也曾经有过那样的时刻，我急切地盼望着能快点死去，恨不得插上翅膀，一头扑进死亡的怀抱，激动万分地拥抱死亡，就像当年我激动万分地和离别甚久的情人拥抱在一起。这两种感觉如此相像，都是那么热烈投入，让我陶醉其中无法自拔。那时候，拥抱死亡让我觉得自己获得了彻底的自由和解放。

虽然有过这样的念头，但我还是更愿意活下去，只要医生能拯救我的生命，让我可以比较健康地活着；因为我无比地热爱这精彩美好的人世间，我对这世界上发生的所有的一切都充满了好奇和兴趣。有那么多同时代的人正用他们的人生向我演绎着不同的轨迹，让我去探索人生的各种可能性，有时也能让我证实我常年思索所得出的结论是否正确。

我当然会因为要和挚爱的亲人告别而悲痛万分。我也不可能不去关心曾经被我教导过和保护过的人的命运，但是转念一想，一直以来或许正是我的爱束缚了他们，让他们不能自由发展。他们有权利享受自己的自由，无论这个自由会把他们的人生引向何处。我自己在这个世界上也活得够久了，希望能早一点把位置腾出来让给别人。

说到底，人有生就有死，总是要有一个结局。就像一个艺术品，如果继续创作下去是画蛇添足的话，不如就此打住更完美。

但是现在如果有人问我，这个人生的形式有什么意义或者价值，我只能告诉你：没有任何的意义。作为一个小说家，这不过是我给无聊空虚的人生硬安的一个形式。

为了让自己满意，为了让自己开心，为了满足自己精神的需要，我按照某种标准设计着自己人生的形式，在我的人生里有开头，有中间，有结尾，形式完完整整。这就好像我写剧本或者写小说一样，遇到什么人就写什么样的故事。性格决定命运，不同的环境造就不同的人生。

我并没有活成我想要的完美的人生形式，也许连自己希望能实现的人生形式也没有实现，现在的人生只能说还凑合吧。

看看就知道，有许多人的人生形式都比我的要精彩。

我很清楚地知道这些，并不是因为我是一个爱胡思乱想的小说家。实际上我觉得人世间最好的人生形式是做一个种地的农民。农民每天辛勤耕作、收获庄稼，在农忙时获得丰收的快乐，在农闲时品尝闲暇的乐趣，青年的时候恋爱，然后结婚、生儿育女，最后寿终正寝。

我认真地观察过那些生活在肥沃土地上的农民，土地肥沃所以不需要太辛苦就能获得五谷丰登的收成，这些农民的快乐和痛苦才是人类的共同命运，他们的人生形式才是最完美的表现。

看他们的人生，你会觉得人生就好比是一篇最动人的作品，从开始到结束，有条不紊，非常连贯，非常自然，一切都是水到渠成。

二、生亦何欢，死亦何惧

季羡林先生在其《九十五岁初度》一文中认为，生死是日常生活中的寻常事，“有生必有死，是人类进化的规律，是一切生物的规律，是谁也违背不了的。”因而生死问题不必过分萦绕于心，更不能让死亡的阴影干扰现实的日常生活。对于死亡，“最好的办法是听之任之，用不着什么哀叹。”保持一颗平常心是最为要紧的生死态度。对生的执着，对死的恐惧都有悖于这一平常心。虽然人们厌恶死亡，却又没人有能力消除死亡，既然如此，季羡林先生引用陶渊明的“纵浪大化中，不喜亦不惧。应尽便须尽，无复独多虑”这首诗，指出不如“该死就去死，不必多嘀咕”干脆些。

其实在生死面前保持平常心又谈何容易，死亡的威胁降临之时，人们的求生本能便应激而生。贝多芬在遗书中说：“在我还没有完成交给我的全部使命以前，就离开这个世界，这简直是不可能的。”“但愿我的决心能坚持到底，直到无情的命运之神将生命之线割断。”可是真正的智者在意识到死亡的不可避免时却还能重归平常心，正如贝多芬所言：“我将抱着快乐的心情去迎接死亡。假如死亡在我有机会施展我全部艺术才能之前降临，我虽横竖命苦，但死亡毕竟来得过早了，我是愿意它来得晚一些的。然而即便死亡早至，我也满意，因为它岂不将我从无穷的痛苦中解放了吗？死亡，你来吧，什么时间到来都可以！我将勇敢地迎接你。”

贝多芬遗书

给我的兄弟卡尔和约翰·贝多芬：

噢！这是怎样的一群人！那些总把我当作甚至驱使别人把我看作心怀怨恨、疯狂或愤世嫉俗之人，可是他们不愿探究在那些外表之下的隐藏着怎样的隐秘！自我童年起，我便对慈悲的情操心领神会，甚至立志于去完成一些神圣崇高的事业。你们可曾想，这六年以来我的身体每况愈下，更有那无脑的庸医加剧着我的病情，许诺“病情会好转”的希望，结果是年复一年地受到欺骗。最后是不得不面对一种“持久的病症”，虽然不能说痊愈绝对无望，但却永远见不到头。尽管生就一副热烈与活泼的性格，甚至也能寻找些适应社会的消遣，我却老早就被迫和人类分离，过着孤独的生活。

我要摆脱这一切，啊！这残废而悲惨的经历却无情地告诉我这不可能！我还不能对人说“讲得大声一些，吼叫吧，因为我是聋子”！啊！我不能告诉人们我的“一种感官”出了毛病，而这感官本应优越于他人的，而在以前这副感官的确在音乐界中比谁都更完满的！——噢！如何让人明白这些呢？这我办不到！——所以，倘若看见我孤僻独处，请你们原谅，因为我的内心多么渴望与人们为伴。我的病患令我加倍难受，因为我总被人误解为孤芳自赏。在人群的交往中、在微妙的谈话中、在彼此的倾诉中去获得安慰，这一切对于我而言，已经不可能的。孤独，死寂般的孤独。越是需要我在社会上出头露面，我越是表现出退缩，我过着亡命者一般的生活。如果走近某一个人群，我的心就惨痛欲裂，唯恐别人发觉我的病。

因此，最近六个月来我一直住在乡。得益于高明医生的劝说，他懂得我的心思，指导我如何改善与保护我的听觉。然而，曾经有多少次我觉得非与社会接近不可，我就禁不住前往聚会。可是，当我旁边的人听到远处的笛声而我听不见时，或别人听见牧童歌唱而我一无所闻时，我感受到真是何等的屈辱！这样的经验几乎令我完全陷入绝望。

可是，自杀对我而言却不是一件不容易的事——是艺术、仅仅只是艺术挽留了我。啊！在我尚未完成我的使命之前，我还不能离开这个世界。这样，我才忍耐并坚持着这种悲惨的——没有比这更悲惨的——生活，拖着如此虚弱的身体，那怕一点点意外就会使健康恶化的身体！“忍耐啊！”人们总是这么说。我如今也只能当它是我的人生向导了，我已经有了耐性——但愿这种抵抗的决心能够长久支撑着我，直到无情的死神来阻断我的生命旅程。——也许这更好，也许并不；总之，我已准备好了！——在人生的二十八岁上，我不得不洞察一切，尽管这不太容易的：要保持这种态度，对一个艺术家而言比别人更难。

上帝啊！你在天上参透着我的心，你知晓它，你知道它对人类怀抱着热忱，并拥有行善的志向！噢，人啊，要是你们有一天读到这些，别忘了你们曾对我不公平；但愿不幸的人，能看到一个与他同样的遭遇者，冲破自然的阻碍，竭尽所能地跻身于艺术家与优秀人士之列，且能借以自慰。

卡尔和约翰，我的兄弟们，如果在我死后，希密脱教授尚在人世的话，用我的名义去请求他，将我的疾病症状详细叙述，在我的病历之外再附上现在这封信，在我死后尽可能地消除我和社会之间的隔膜。——同时我认可你们是我的一些薄产的继承者，并期待能够公平分配、和睦相爱且缓急相助。你们知道，我早已原谅了你们对我的伤害。卡尔，我的兄弟，我特别感谢你近期对我的忠诚，我祈祷你们享有更幸福的生活，而不像我这样充满烦恼。请把“德行”教给你们的孩子，真正使人幸福的是德行而非金钱，这是我的经验之谈。在患难中支撑着我的是道德，能使我免于自杀的，除了艺术也是道德。

——永别了，请相亲相爱吧！——感谢我所有的朋友，特别是李区诺斯基亲王和希密脱教授。——我希望李区诺斯基的乐器能保存在你们任何一个的手中（特指李氏送给他的钢琴——编者注），但切勿因之有任何纷争。倘能给你们带来实际效益的话，那么尽管卖掉它，不必迟疑。要是我在墓地内还能帮助你们，我将何等地开心！

如果这样，我将怀着何等的愉悦迎向死神。——倘使死神在我还不及发挥我所有的官能之前便降临，那么，即便我命运多舛，我还是嫌它来得过早，我祈请暂缓它的出现。——但即使如此，我也满足了。死神的降临难道不正是把我从无穷的痛苦中解救出来吗？——死亡愿意何时候来就何时来吧！我将不再胆怯而是勇敢地迎接你。别了，切莫把我在死亡中完全忘掉；我值得你们思念，我在世时常常思念你们，想使你们幸福。但愿你们幸福！

——这这样，我向你们告别了，——自然是很伤心地。是的，我的希望——至少在某种限度内痊愈的希望——把我遗弃了。有如秋天的树叶枯萎飘落，于我而言这希望也枯萎熄灭了。我去了，如同我来时。——即使是最大的勇气，那屡次在美妙的夏天支持过我的，它也消逝了。噢，万能的上帝，给我那怕一天纯粹的快乐吧！我有多久没能聆听那欢乐深远的声音了！——啊！什么时候，啊！神明！何时我再能在自然与人类的庙堂中感受到欢乐？——永远不可能了？不！——啊！这太残酷了！

给我的兄弟卡尔和约翰，在我死后开拆并执行。

路德维希·凡·贝多芬1802年10月6日于海利根施塔特

三、千古艰难惟一死

世上最大的事情莫过于生死抉择，这就是所谓的除却生死无大事；世上最难的事情也不过是生死抉择，这就是所谓的千古艰难惟一死。在生死冲突之际，弃生求死的态度“通常并非由于精神不正常，或是要以一种最极端的行为证明自己的存在，而是因为生存对他而言成了一个不堪忍受的沉重负担，死亡则是生存痛苦的彻底解脱。”①陈布雷《遗夫人书》中说：“我鉴于自身体力精力脑力之衰弱，实觉已不能再对国家非常时期作丝毫之贡献，偷生人世，已无意义。”所以选择自绝于世，“事属万不得已，君当了解出此下策，无可奈何。”尽管“以如此不仁不义不智而弃世，徒供世斥，有负平生”，但为卸下肩负的重担，摆脱生活的折磨，求死还是成为陈布雷不二的选择。

当然弃生求死需要莫大的勇气。约翰内斯·埃格尔特给妻子的遗书中反复强调对死亡的漠视，这是他表达赴死的勇气。这种对死亡的无畏与他的生死观紧密相连：“要清楚地看到，我们所有人都是要死的，只不过有人早一些有人晚一些而已。死亡的方式当然各不相同，但死亡这事实却并无差异。”

1. 陈布雷遗夫人书②

默君惠鉴：

我鉴于自身体力精力脑力之衰弱，实觉已不能再对国家非常时期作丝毫之贡献，偷生人世，已无意义。因此数年来所萦绕于心之“决绝”观念，而复屡萌而不能自制，如此对国家不负责任，实为一种无上之罪歉。尤其对君三十年之眷爱，而我乃先君而自弃，竟蹈吟兄之覆辙，自私自了，我实负君，无容可求谅恕。但宛转寸肠，早已思量不止千百遍，我如此下场之后，在君或反而减少牵虑之痛苦。我年将六十，譬如在武

① 胡宜安．现代生死学导论［M］．北京：广东高等教育出版社，2009：122.
② 江河．中外名人遗书精编［M］．北京：中国文史出版社，2010：198-199.

汉撤退时，在武昌、重庆轰炸时遭遇不幸，千万望君退一步想，千万勿为我而悲痛。我尚有若干知友，当能照顾我的家属。人生至此，命也，尚何言哉！来日大难，君与令姊太觉孤寂凄凉，可将在国内之三儿召回一人留侍。后事如何，不忍预嘱。我一生爱惜名誉，今乃以如此不仁不义不智而弃世，徒供世斥，有负平生。然事属万不得已，君当了解出此下策，无可奈何。我的灵魂永远依绕君之左右，肠断心枯，不忍再往下写。我的躯体不值一钱，草草为我斥窀，即在南京薄埋之，千万勿为我多费财力也。痛极痛极，唯祝大局好转，国家长存，我虽死犹生矣。

2. 我有必要的勇气去死

约翰内斯·埃格尔特给妻子的遗书①

刚才接到通知，我的处决将在几小时内执行。我以我特有的镇定接受这一通知，现在就以这封信向你告别。今天白天我已经给你写了一封信，这两封信你将同时收到。我心爱的人，我再一次强调，面对死亡我不知道什么畏惧和害怕。你可以完全保持镇定，就像这最后几个小时我完全不感到难受一样。正如在战争中经受住考验一样，我将用同样的胆量走上现在这条路。在任何情况下都可以深信不疑的是，我知道我有必要的勇气去死。我希望，我心爱的人，你也以同样的刚强接受这一消息，这是我对作为妻子的你所期望的。在我们结婚后的日子里，你曾经是我亲密的好战友，为此，我现在还要向你表示特别的感谢。

虽然我知道，你在得到消息的瞬间会有小小的惊恐，那么你就好好哭一场吧，然后就对我们婚后的岁月作一美好的回忆。

对许多人来说，一生中总会遇到不愉快的处境需要去克服，不要因对我的悲伤而气馁，鼓起勇气来，重新建立起不再有我参与的生活。我相信，你那里的亲戚将会在最初时刻给予你特别的安慰和鼓励。要清楚地看到，我们所有人都是要死的，只不过有人早一些有人晚一些而已。

① 屈国华. 不死的灵魂——德国反法西斯死难烈士遗书［M］. 北京：解放军出版社，2005：19–21.

死亡的方式当然各不相同，但死亡这事实却并无差异。说到底，关键是一个人在他一生中是否完成他在人类社会中的职责。我十分坦率地向你承认，在各种死亡可能性中（这）给予我的死亡方式是最合我意的。我确信，我一生中总是一再努力去履行我认为是正确的义务。你也设法去完成你一生中的义务吧。我已和我的兄弟说好，我的一些东西保存在他那里，你想留作纪念的东西由他转交给你，他也答应我，只要他力所能及，他将给予你全力帮助。

但我相信，你也许并不需要这种帮助。现在，让我在想象中最后一次拥抱你和吻你。

你的汉斯

1937年5月14日晚

四、生命诚可贵

对于大多数人来说，生命是最为珍贵的，其他被欲求的事物无论多么美好，其重要性都要排在生命之后。甚至有人打比方说，生命是唯一的“1”，其他一切都是“0”，没有生命则一切归零。因而在生死紧要关头，为了保全生命愿意付出一切代价。

然而，世界上却存在一些舍生忘死的人们，他们为了追求心中的美好事物愿意付出生命。匈牙利诗人裴多菲的名句：“生命诚可贵，爱情价更高。若为自由故，二者皆可抛。”在他这首诗里，一个价值链条清晰呈现：自由高于爱情，爱情高于生命。显然，当生命与爱情、自由产生不可调和的冲突时，按照这一价值链条的指引，他的选择必然舍弃生命，保全爱情与自由。儒家的生死观也突出了这种生死态度。孔子说：“朝闻道，夕死可矣。”“志士仁人，无求生以害仁，有杀身以成仁。”孟子进一步说：“生，亦我所欲也；义，亦我所欲也。二者不可得兼，舍生而取义者也。”对儒家而言，仁、义的价值比生命重要。

赫尔曼·丹茨为了新的生活和美好未来，愿意牺牲生命化作“人类文明的肥料”；茨威格选择为了自己的“精神故乡”“不失尊严地结束我的生命”；司马迁“人固有一死，或重于泰山，或轻于鸿毛”的气节等都是这种生死态度的表现。

1.赫尔曼·丹茨给妻子的遗书①

我的爱人：

宣判日近在咫尺，但是实际上那天仅仅是一个形式，因为真正的判决在我被捕的那一天就已经被定下了。当我在波茨坦受审时，我就知道，我特赦的机会微乎其微。因此，从我被捕的那一刻起我就与死神并肩而立。

一个人坐在阴冷潮湿的牢房里，与墙外明朗可爱的万物相比，这似乎是一个被世界遗忘和唾弃的角落，到处充斥着糜烂的气息，我知道我再也无法徒步于浪漫的人间，与幸福美好撞个满怀，不免用双臂紧紧地环住自己的双膝。我细数着每天的日落，无声地诀别自己的过去和未来。窗外延伸进来的葡萄叶从一开始的青翠欲滴，到后面的枯红干瘪，直至枯萎凋零。我的生命正像这葡萄叶枯萎的一样无法阻止，时间也在一点一点的消逝。大抵是因为这是我最后所能看到的景色，我竟觉得这是一次无比绝美的死亡。

很快连它的最后一片树叶也飘落到长满青苔的牢房里，我拾起它，摸着它的纹理，意识到我的最后一刻也即将来临。不同的是，落叶归根是为了明年能够更好地焕发绿意，而我却再也无缘这可爱的世界，永别了，亲爱的。

事实上在这最后的一个星期里我并不感到绝望，因为向死而生的力量使我能够镇定地面对死亡的命运。落叶腐化成泥，成为新的生命的养料。我们这些为文明而战的勇士亦是如此，用一句骄傲的话来说，我们就是人类文明的养料。没有我们的牺牲就不会有新生，不会有未来。人类从某种意义上来说还身处于动物王国，不可避免地要遵守适者生存的

---

① 屈国华.不死的灵魂——德国反法西斯死难烈士遗书.[M].北京：解放军出版社，2005：12-16.

法则。我们不得不用鲜血书写我们前进的历史，这的确是一场残酷的斗争。但是就像车尔尼雪夫斯基说的：一切真正美好的东西都是从斗争和牺牲中获得的，而美好的将来也要以同样的方法来获取。我相信，以鲜血为代价获取的胜利终将能使我们挣脱枷锁，成为真正的“智慧人类”，开始真正的人类历史。那时我们的斗争不再是流血和牺牲，而是理性和智慧。而且很多事实都在证明，我们正在快速地趋近这一目标，我们终有一天会开启人类历史的新篇章。

亲爱的，我为我能够为文明的进步而贡献出一份小小的力量而感到自豪。死亡是一种自然现象，万事万物都会面对死亡，只是时间的早晚而已。既然终有一死，我宁愿以这种方式死去，轰轰烈烈地死去。用我的血肉所铸就的精神其实就是一种新生，是不朽，是永恒！亲爱的埃伐，我深知我的死亡将会给你带来沉痛的打击，因为如果换成我去面对你的死亡，我也无法做到心如止水。但是我还是要请求你坚强地活下去，怀着对我的思念和对未来的憧憬坚强地活下去，前方还有许多美好的事物在等着你去发掘。

现在我不得不告诉你一个残酷的消息，很遗憾，我们亲爱的安第在一个月以前就已经离我们而去了，请原谅我一直以来的隐瞒。随着时间的流逝，我也已经慢慢的接受了这个事实。一个月以后，我再也没有办法看到新时代的日出和日落。虽然我即将死在旧时代的末尾，但是我并不觉得难过，相反，我感到非常满足，因为我们所向往的社会即将来临。对于那些饱受战争之苦的人们，未来生活的艰难困苦根本不值一提，因为人类幸福的前途已经萌芽。我不得不承认，我还是无法安然的面对自己的死亡，等待死亡的过程如坐针毡，是的，我还是有点儿害怕。如果可以选择死亡的方式，我宁愿自己做个了结，最好是在睡梦中毫无知觉毫无痛苦地死去。

我一点都不想放下笔，因为拿着笔，我好像能透过纸张看到你在灯下捧着信看的样子，好像你就在我的对面笑靥如花，我多想能一直陪你说下去，多想用手抚摸你的脸庞。但是很遗憾，时间并不容许。我亲爱的埃伐，悟已往之不谏，知来者之可追，这是我对你最后的祝福。

你的赫尔曼

2.茨威格遗书

我现在非常清醒，因而完全是出于自愿地在这里与我的人生主动告别。当然在这之前，我还要做完最后一件应该去完成的事情，那就是要由衷地感谢巴西，一个如此美好奇妙的国家，感谢它接纳和滋养我，让我能够在这里生活和工作。而我对这个国家也越来越热爱。和其他任何地方相比，我更愿意在巴西这个地方重新开始，开始我新的生活。之所以要重新开始，是因为，和我说一样语言的犹太人的世界已经完全沦陷，就连我的精神栖息之所——欧洲也已经自我毁灭。但是，对一个年过花甲的老人来说，真的要重新开始新的生活，一切都从头再来，那是需要惊人的勇气和非凡的力量的。然而很不幸，我的力量已经不复存在了，因为它们早已在常年的无家可归、四处流浪、东躲西藏中一点一点地消耗殆尽了。

所以与其用尽气力、渺小卑微地活着，还不如就此结束吧，带着我仅剩的尊严，与这个世界告别。在我的心里，能够自由地从事创作是最纯粹的快乐，而拥有创作的自由则是这个世界上最宝贵最顶级的财富。最后，我向我所有的朋友告别，祝福你们能够捱过这漫漫长夜，最终等来黎明的灿烂曙光。而我等不下去了，心急的我就先走一步了。

1942年2月22日

3.司马迁《报任安书》

太史公牛马走司马迁，再拜言。

少卿足下：

曩者辱赐书，教以慎于接物，推贤进士为务，意气勤勤恳恳。若望仆不相师，而用流俗人之言，仆非敢如此也。仆虽罢驽，亦尝侧闻长者之遗风矣。顾自以为身残处秽，动而见尤，欲益反损，是以独郁悒而无谁语。谚曰："谁为为之？孰令听之？"盖钟子期死，伯牙终身不复鼓琴。何则？士为知己者用，女为说己者容。若仆大质已亏缺矣，虽材怀随和，行若由夷，终不可以为荣，适足以发笑而自点耳。书辞宜答，会东从上来，又迫贱事，相见日浅，卒卒无须臾之间，得竭指意。今少卿抱不测之罪，涉旬月，迫季冬，仆又薄从上雍，恐卒然不可为讳，是仆终已不得舒愤懑以晓左右，则长逝者魂魄私恨无穷。请略陈固陋。阙然久不报，幸勿为过。

仆闻之：修身者，智之符也；爱施者，仁之端也；取予者，义之表也；耻辱者，勇之决也；立名者，行之极也。士有此五者，然后可以托于世，列于君子之林矣。故祸莫憯于欲利，悲莫痛于伤心，行莫丑于辱先，诟莫大于宫刑。刑余之人，无所比数，非一世也，所从来远矣。昔卫灵公与雍渠同载，孔子适陈；商鞅因景监见，赵良寒心；同子参乘，爰丝变色：自古而耻之！夫以中材之人，事有关于宦竖，莫不伤气，而况于慷慨之士乎！如今朝廷虽乏人，奈何令刀锯之余，荐天下之豪俊哉！仆赖先人绪业，得待罪辇毂下，二十余年矣。所以自惟：上之，不能纳忠效信，有奇策材力之誉，自结明主；次之，又不能拾遗补阙，招贤进能，显岩穴之十；外之，不能备行伍，攻城野战，有斩将搴旗之功；下之，不能积日累劳，取尊官厚禄，以为宗族交游光宠。四者无一遂，苟合取容，无所短长之效，可见于此矣。乡者，仆亦尝厕下大夫之列，陪外廷末议。不以此时引维纲，尽思虑，今已亏形为扫除之隶，在阘茸之中，乃欲仰首伸眉，论列是非，不亦轻朝廷、羞当世之士邪？嗟乎！嗟乎！如仆尚何言哉！尚何言哉！且事本末未易明也。仆少负不羁之才，长无乡曲之誉，主上幸以先人之故，使得奉薄伎，出入周卫之中。仆以为戴盆何以望天，故绝宾客之知，忘室家之业，日夜思竭其不肖之材力，务一心营职，以求亲媚于主上。而事乃有大谬不然者！

夫仆与李陵俱居门下，素非能相善也。趣舍异路，未尝衔杯酒，接殷勤之余欢。然仆观其为人，自守奇士，事亲孝，与士信，临财廉，取予义，分别有让，恭俭下人，常思奋不顾身，以殉国家之急。其素所蓄积也，仆以为有国士之风。夫人臣出万死不顾一生之计，赴公家之难，斯已奇矣。今举事一不当，而全躯保妻子之臣随而媒孽其短，仆诚私心痛之。且李陵提步卒不满五千，深践戎马之地，足历王庭，垂饵虎口，横挑强胡，仰亿万之师，与单于连战十有余日，所杀过当。虏救死扶伤不给，旃裘之君长咸震怖，乃悉征其左、右贤王，举引弓之民，一国共攻而围之。转斗千里，矢尽道穷，救兵不至，士卒死伤如积。然陵一呼劳军，士无不起，躬自流涕，沫血饮泣，更张空拳，冒白刃，北首争死敌者。陵未没时，使有来报，汉公卿王侯皆奉觞上寿。后数日，陵败书闻，主上为之食不甘味，听朝不怡。大臣忧惧，不知所出。仆窃不自料其卑贱，见主上惨凄怛悼，诚欲效其款款之愚，以为李陵素与士大夫绝甘分少，能得人之死力，虽古之名将，不能过也。身虽陷败，彼观其意，且欲得其当而报于汉。事已无可奈何，其所摧败，功亦足以暴于天下矣。仆怀欲陈之，而未有路，适会召问，即以此指，推言陵之功，欲以广主上之意，塞睚眦之辞。未能尽明，明主不晓，以为仆沮贰师，而为李陵游说，遂下于理。拳拳之忠，终不能自列。因为诬上，卒从吏议。家贫，货赂不足以自赎，交游莫救，左右亲近不为一言。身非木石，独与法吏为伍，深幽囹圄之中，谁可告愬者！此真少卿所亲见，仆行事岂不然乎？李陵既生降，隤其家声，而仆又佴之蚕室，重为天下观笑。悲夫！悲夫！事未易一二为俗人言也。

仆之先非有剖符丹书之功，文史星历，近乎卜祝之间，固主上所戏弄，倡优所畜，流俗之所轻也。假令仆伏法受诛，若九牛亡一毛，与蝼蚁何以异？而世又不与能死节者比，特以为智穷罪极，不能自免，卒就死耳。何也？素所自树立使然也。人固有一死，或重于泰山，或轻于鸿毛，用之所趋异也。太上不辱先，其次不辱身，其次不辱理色，其次不辱辞令，其次诎体受辱，其次易服受辱，其次关木索、被箠楚受辱，其次剔毛发、婴金铁受辱，其次毁肌肤、断肢体受辱，最下腐刑极矣！传曰“刑不上大夫。”此言士节不可不勉励也。猛虎在深山，百兽震恐，及在槛阱之中，摇尾而求食，积威约之渐也。故士有画地为牢，势不可入；削木为吏，议不可对，定计于鲜也。今交手足，受木索，暴肌肤，受榜箠，幽于圜墙之中。当此之时，见狱吏则头抢地，视徒隶则心惕息。何者？积威约之势也。及以至是，言不辱者，所谓强颜耳，曷足贵乎！且西伯，伯也，拘于羑里；李斯，相也，具于五刑；淮阴，王也，受械于陈；彭越、张敖，南面称孤，系狱抵罪；绛侯诛诸吕，权倾五伯，囚于请室；魏其，大将也，衣赭衣，关三木；季布为朱家钳奴；灌夫受辱于居室。此人皆身至王侯将相，声闻邻国，及罪至罔加，不能引决自裁，在尘埃之中。古今一体，安在其不辱也？由此言之，勇怯，势也；强弱，形也。审矣，何足怪乎？夫人不能早自裁绳墨之外，以稍陵迟，至于鞭箠之间，乃欲引节，斯不亦远乎！古人所以重施刑于大夫者，殆为此也。

夫人情莫不贪生恶死，念父母，顾妻子，至激于义理者不然，乃有所不得已也。今仆不幸，早失父母，无兄弟之亲，独身孤立，少卿视仆于妻子何如哉？且勇者不必死节，怯夫慕义，何处不勉焉！仆虽怯懦，欲苟活，亦颇识去就之分矣，何至自沉溺缧绁之辱哉！且夫臧获婢妾，犹能引决，况仆之不得已乎？所以隐忍苟活，幽于粪土之中而不辞者，恨私心有所不尽，鄙陋没世，而文采不表于后也。

古者富贵而名摩灭，不可胜记，唯倜傥非常之人称焉。盖文王拘而演《周易》；仲尼厄而作《春秋》；屈原放逐，乃赋《离骚》；左丘失明，厥有《国语》；孙子膑脚，《兵法》修列；不韦迁蜀，世传《吕览》；韩非囚秦，《说难》《孤愤》；《诗》三百篇，大底圣贤发愤之所为作也。此人皆意有所郁结，不得通其道，故述往事、思来者。乃如左丘无目，孙子断足，终不可用，退而论书策，以舒其愤，思垂空文以自见。

仆窃不逊，近自托于无能之辞，网罗天下放失旧闻，略考其行事，综其终始，稽其成败兴坏之纪，上计轩辕，下至于兹，为十表，本纪十二，书八章，世家三十，列传七十，凡百三十篇。亦欲以究天人之际，通古今之变，成一家之言。草创未就，会遭此祸，惜其不成，是以就极刑而无愠色。仆诚以著此书，藏之名山，传之其人，通邑大都，则仆偿前辱之责，虽万被戮，岂有悔哉！然此可为智者道，难为俗人言也！

且负下未易居，下流多谤议。仆以口语遇遭此祸，重为乡党所笑，以污辱先人，亦何面目复上父母之丘墓乎？虽累百世，垢弥甚耳！是以肠一日而九回，居则忽忽若有所亡，出则不知其所往。每念斯耻，汗未尝不发背沾衣也！身直为闺阁之臣，宁得自引深藏于岩穴邪？故且从俗浮沉，与时俯仰，以通其狂惑。今少卿乃教以推贤进士，无乃与仆私心剌谬乎？今虽欲自雕琢，曼辞以自饰，无益，于俗不信，适足取辱耳。要之，死日然后是非乃定。书不能悉意，故略陈固陋。谨再拜。

第四章　在回望中思考死亡结果

死亡是一切生命形式的共同归宿，人类的伟大之处就在于能够在死亡的事实发生之前预知死亡的必将到来并思考死亡的意义。追寻死亡的意义必然要审视死亡结果。

思考死亡结果通常包含两个部分的内容：一是“我的死亡”究竟是什么？二是“我的死亡”对这个世界会有什么影响？

就其前者而言，问题的焦点在于“死亡是否是生命的终结？”对这个问题的回答存在“墙”与“门”的分别。如果给出肯定的答案，那么死亡就是雅斯贝尔斯所形容的“一面围墙”，所有人撞到墙上都会粉身碎骨，没有人能够完成跨越。如果给出的答案是否定的，那么死亡就成为一扇可以通过的“门”，是生命的一个节点，是到达另一种生命的通道，而不是生命的对立面。

对第一个问题的回答会影响对第二个问题的思考。认同死亡是墙的人，通常对自己死亡之后的世界抱有相对消极的态度，他们对未知的世界焦虑，为自己未竟的事业惋惜，为自己亲人的生活担忧……而认为死亡不过是通向另一种生命之门的人，则更可能对死后的世界给予更为积极的期待，他们会希望自己以另一种生命或在另一个世界延续自己的事业，与亲人团聚，过上美好的生活。

本章根据对死亡结果的思考路径，选文分成两个部分：死亡是生命的毁灭和死亡是生命的延续。

一、死亡是生命的毁灭

死亡降临，生命消失。与他的生命相关的一切或许依然有迹可循，与他相关人可能依然对他惦念，然而对他而言生命已经画上了句号，与生命相关的一切意义也就无足轻重了。赞誉也好，诋毁也罢；快乐也好，难受也罢，失去了他这个生命意识体的感受，所有的意义也就无从依托。阮玲玉生前叹人言可畏，死后何畏之有？傅雷对“莫须有”的“反党罪证”“百口莫辩”，选择了体面的自我毁灭之后，则“一羽不能加，蝇虫不能落”了。毁灭带来解脱，一切恩怨，种种毁誉在死亡面前都将烟消云散。

但是死亡并不必然导向解脱，也可能造成痛苦。一个人活在世上总是有所牵挂的，或者放不下自己钟爱的事业，或者离不开自己爱的与爱自己的亲人。但是死亡的介入，让自己珍爱的一切都化为泡影，内心的伤痛无须言表。陀思妥耶夫斯基被判死刑后追问，“难道我真的再也不能提笔写作了吗？”赵丹“近十五年未能上银幕了”，“好容易有了个拍片的机会……”死神却降临于身，他哀叹“我阿丹命苦呵！”末代皇帝溥仪身患绝症，弥留之际拉着妻子李淑贤的手说“没有我了，你怎么办？谁能管你？我最不放心的就是你呀”！

死亡带来的毁灭还可能更为彻底，一旦死亡，一切都归于虚无，正所谓“世事一场大梦，人生几度秋凉”。鲁迅先生以其特有的冷峻、决绝的语气留下遗言，希望他的遗体能“赶快收敛、埋掉、拉倒”，并要求“不要做任何关于纪念的事”，马雅可夫斯基也在其遗书中干脆利落地说“我与生活已经结了账，没有必要再重提彼此间的痛苦、不幸和委屈”。

人死如灯灭，一切都归零。

1. 死亡意味着解脱

（1）阮玲玉的遗书

我现在一死，人们一定以为我是畏罪。其实，我何罪可畏？因为我对于张达民没有一样对他不住的地方，别的姑且勿论，就拿我和他临别脱离同居的时候来说，还每月给他一百元。这不是空口说的话，是有凭据和收条的。可是他恩将仇报，以怨报德，更加以外界不明，还以为我对他不住。唉，那有什么法子想呢！想了又想，惟有以一死了之罢。唉，我一死何足惜，不过，还是怕人言可畏，人言可畏罢了。

阮玲玉绝笔廿四、三月七日

（2）傅雷临终前给姻兄的信

人秀：

尽管所谓反党罪证（一面小镜子和一张褪色的旧画报）是在我们家里搜出的，百口莫辩的，可是我们至死也不承认是我们自己的东西（实系寄存箱内理出之物）。我们纵有千万罪行，却从来不曾有过变天思想。我们也知道搜出的罪证虽然有口难辨，在英明的无产阶级政党和伟大的领导人领导之下的中华人民共和国，决不至因之而判重刑。只是含冤不白，无法洗刷的日子比坐牢还要难过。何况光是教育出一个叛徒傅聪来，在人民面前已经死有余辜了！更何况像我们这种来自旧社会的渣滓早应该自动退出历史舞台了！

因为你是梅馥的胞兄，因为我们别无至亲骨肉，善后事只能委托你了。如你以立场关系不便接受，则请向上级或法院请示后再行处理。

委托数事如下：

一、代付九月份房租55.29元（附现款）。

二、武康大楼（淮海路底）606室沈仲章托代修奥米茄自动男手表一只，请交还。

三、故老母余剩遗款，由人秀处理。

四、旧挂表（钢）一只，旧小女表一只，赠保姆周菊娣。

五、六百元存单一纸给周菊娣，作过渡时期生活费。她是劳动人民，一生孤苦，我们不愿她无故受累。

六、姑母傅仪寄存我们家存单一纸六百元，请交还。

七、姑母傅仪寄存之联义山庄墓地收据一纸，此次经过红卫兵搜查后遍觅不得，很抱歉。

八、姑母傅仪寄存我们家之饰物，与我们自有的同时被红卫兵取去没收，只能以存单三纸（共370元）又小额储蓄三张，作为赔偿。

九、三姐朱纯寄存我们家之饰物，亦被一并充公，请代道歉。她寄存衣箱贰只（三楼）暂时被封，瓷器木箱壹只，将来待公家启封后由你代领。尚有家具数件，问周菊娣便知。

十、旧自用奥米茄自动男手表一只，又旧男手表一只，本拟给敏儿与×××，但恐妨碍他们的政治立场，故请人秀自由处理。

十一、现钞53.30元，作为我们火葬费。

十二、楼上宋家借用之家具，由陈叔陶按单收回。

十三、自有家具，由你处理。图书字画听候公家决定。

使你为我们受累，实在不安，但也别无他人可托，谅之谅之！

傅雷　梅馥

1966年9月2日夜

2.死亡意味着痛苦（绝望）

（1）陀思妥耶夫斯基“致兄长”

米哈依尔·米哈依洛维奇·陀思妥耶夫斯基：

亲爱的哥哥，一切已经尘埃落定了。我被判在奥伦斯基服四年苦役，期满后我将成为一名列兵。就在今天，十二月二十二日，我们先被押到了谢苗诺夫练兵场，在这里，我们晴天霹雳地听到了我们被判死刑的消息，他们命令我们先亲吻十字架,然后在我们头顶上折断了我们的宝剑，最后换上尸衣也就是白衬衫。接着我们当中的其中三个被捆在刑柱上准备行刑，我排在第六个，他们每次叫三个人去行刑，因此我将在第二批上刑场，也就是我比第一批最多多活一分钟。

哥哥，在即将上刑场之前，我想起了您和您的家人，哥哥，你知道吗？我在生命的最后一分钟，脑子里全是你的画面，这时，我才意识到你对我是有多重要！亲爱的哥哥，我拥抱了站在我旁边的普列许杰也夫和杜罗夫，我们深情地道别。过了一会，忽然传来了回营号的声音，包括被绑在刑柱上的人在内的所有人都被押了回去。接着，有人向我们宣布，我们被赦免了死刑，不过只有帕尔默获得释放，官复原职。

亲爱的哥哥，听说我们就这两天就要前往边塞了，我向他们请求与您见面，但是被拒绝了，我只被允许给您写一封信以作告别。如果你收到信，请您尽快给我回复吧！

我想您恐怕已经收到我被叛死刑的消息了，现在恐怕已经是伤心欲绝了，不过现在你可以放心了。我现在在押往谢苗诺夫练兵场的路上,从囚车的窗户往外看，我看到了一大群人。

哥哥！你放心，我不会因此而意志消沉的。放眼望去，到处都是充满希望的生活。生活最重要的是在我们内心，而不是在外界。我总能发现身边有人即使在人群中还能保持清醒，保持初心。无论我遭遇什么挫折，我都不会垂头丧气，更不会被生活打倒——我想这就是生活的真谛。我已经充分领会到了生活的真谛了，我想，它已经融入我的生命。

请为我亲吻大嫂和侄儿女们，请时常向他们提及我，不要遗忘我了。也许在未来的某一天，我们将会团聚！哥哥，好好保重，照顾家庭，谨慎做人。要为了孩子们的前途着想……

……

哥哥，我相信我们还会有重逢的一天，上帝保佑，请你们一定要好好保重，期待未来我们互相拥抱。回顾过去的青葱岁月，曾经的我们对未来充满着憧憬。但是现在这一切都将离我远去了。

难道我再也不能继续习作了吗？等服役完成，我相信我还是有机会可以继续我的写作梦的。我会把我所写的东西都寄给您。上帝啊，如果不能写作，那么我的所思所想都会烟消云散，化为乌有。如果我不能继续写作，那么生命就没有意义了，还不如在拿着笔在牢狱里待十五年。

哥哥，请您常写信联系，诉说家里的琐事，即使是无关紧要的细事。你知道你的信将会给我带来多大的力量吗？即便是来自生活的琐事，都会给我带来生活的气息，希望的味道！不过最近这两个半月，我们都会被禁止通信，真是度日如年啊！

如果我曾经做了对不起他人的事，如果我曾经与他人发生争执，如果我曾经给人留下坏的印象，哥哥，如果你有机会看到他们，请代我请求他们的原谅。现在我已经释然，对他人都心存善意，此时此刻，我多么渴望拥抱他们——我往日的朋友。临死前我向所有亲朋好友告别时，我才发现这是人生走到终结最大的安慰。

回首往日，一想到自己曾经在幻想和错误中挥霍光阴，一想到自己曾经在迷茫和彷徨中虚度光阴，一想到自己曾经做过违背初心的事，我就非常懊恼。生命是上帝赐予我们的最好礼物，因为在生命的每一分钟都拥有无穷的幸福。如果年轻的时候就懂得这个道理该多好。如今，我的人生有了一百八十度大转弯，我正在脱胎换骨，成为全新的自己。哥哥，我向你保证，我不会灰心丧气，我会保持心灵的纯洁。我将会成为一位更加坚强的人，这是我的毕生所希望达到的境界。

狱中的生活已经洗涤了我心灵上的肮脏的欲望。以前，我对自己过于松懈。如今，我能克服一切的艰难险阻，这对我来说是小事一桩。因此，你不用担心我会被艰苦的生活打败。要是我有强健的体魄就更好了！

好吧，就此别过了，哥哥！我多想紧紧的拥抱你，深深地拥抱你。

请您时时惦记我，请您不要为我感到伤心！您放心，下一封信我将会告诉你我在路上的一切。请您谨记我的话，好好规划自己的人生，不要虚度光阴，多为自己的儿女着想。此刻，多么希望能再见你一面啊！再见！我现在必须要忍痛与我的亲朋好友道别了。最痛苦的事就是离别，我似乎要把自己劈成两半了。别了，别了，我坚信未来我们将会有重聚的一天，这将是我人生最大的期待。请允许我再说一遍，再见了，亲爱的亲朋好友！

您的弟弟

1849年12月22日于彼得堡保罗要塞

（2）赵丹“遗言”

我已有近十五年未能上银幕了，近年来，一直想拍电影，却没有一次顺心如愿，我阿丹命苦呵！我别无他求，只盼你们让我早点出院，把失去的时间夺回来，去再拍几部电影。

多少年来，我演鲁迅不成，演闻一多、李白不成，演周总理也未如愿。眼下，好容易有了个拍片的机会……

人活着或死了，都不要给别人增添忧愁。我不喜欢哀乐，我喜欢贝多芬、柴可夫斯基，我喜欢鲜花.....

我喜欢聂子，我喜欢柑橘，请把我的骨灰一半撒在日本鸽沼聂耳墓旁，一半撒在柳州的柑橘树下。

（3）溥仪弥留之际拉着妻子李淑贤的手立下的“遗言”

咱俩今天好好地说一说吧！我快要离开这人世了，这么长时间我不愿和你讲这件事，是因为不愿意伤你的心。我的病是不能治愈的绝症啊！我曾对你讲，现在科学发展了，能治好我的病，以前这样说说不过是为了安慰你。我早已明白：这身上的病是根本不会好了。

我这一世，当过皇帝也当过公民，归宿还好，现在总算走到了尽头……

有所悬念的是：第一条对不起党。改造我这样的人是不容易的，把一个地道的封建统治者变成了一个地道的公民，这是哪个国家也很难做到的，中国共产党办到了，但是，我没给党做什么工作。第二条对不起你。我们结婚五年多，又把你一个人扔下了，我年岁大，又没有钱，从各方面来说都很对不起你。你的身体很不好，也没给你留下什么东西，现在，没有我了，你怎么办？谁能管你？我最不放心的就是你呀！

1967年9月30日

3.死亡意味着虚无

（1）鲁迅遗嘱

我只想到过写遗嘱，以为我倘曾贵为宫保，富有千万，儿子及女婿及其他一定早已逼我写好遗嘱了，现在却谁也不提起。但是，我也留下一张罢。当时好像很想定了一些，都是写给亲属的，其中有的是：

1.不要因为丧事收受任何一文钱——但老朋友的不在此例。

2.赶快收敛、埋掉、拉倒。

3.不要做任何关于纪念的事。

4.忘掉我，管自己的生活。——倘不，那就真是糊涂虫。

5.孩子长大，倘无才能，可寻点小事情过活，万不可去做空头文学家或美术家。

6.别人应许给你的事物，不可当真。

7.损着别人的牙眼，却反对报复，主张宽容的人万勿和他接近。

此外自然还有，现在忘记了。只还记得在发热时，又曾想到欧洲人临死时，往往有一种仪式，请别人宽恕，自己也宽恕了别人。我的怨敌可谓多矣，倘有新式的人问起我来，怎么回答呢？

我想了一想，决定的是：让他们怨恨去，我也一个都不宽恕。

（2）弗拉基米尔·马雅可夫斯基遗书

我走了，死亡是我自己做下的决定，我不希望因为我的死致使旁人得到指责，也不希望因此生出流言蜚语使人心神不宁，在生命的尽头，我只想清净地离开，不带走尘世的任何喧嚣与烦扰。

亲爱的妈妈，两位姐姐，同志们，对于我的死，我知道你们会很难过，也会愤怒于我为何做出这个决定，我想恳求得到你们的原谅和理解，我知道死亡意味着什么，但我还是义无反顾地想去做——死或许不是解决问题的最佳答案（毫无疑问我不会轻易地建议别人选择这条路），但是我绞尽脑汁也想不到第二条出路了。

亲爱的莉丽娅，请把对我的爱永远长留心中吧。同时我也有话想要对我的组织诉说，莉丽娅·勃里克、妈妈、两位姐姐和维罗尼卡·维托尔多芙娜·波朗斯卡娅都是我亲爱的家人，我希望在我死后你们可以帮助我照顾好他们，让他们过上平淡而安稳的生活，如此我就安心了。

目前我这里还有一些手写的诗稿，拜托你们把它们交到勃里克他俩手里，到时他们会明白我所做的一切的。正如老话所说，明天和意外不知道哪一个先来，在平淡琐碎的日常生活里，爱情的小船也会被撞击得支离破碎。我想我现在是真正地读懂了这句话。

仔细算算，我与生活这些年的账也总算是做了个了结，从现在开始人世间所有的痛苦、不幸和委屈都将无我无关，我也不想再与它们有任何瓜葛。

衷心的祝福每一个活着的人们都没有烦恼，可以过上幸福的生活。

1930年4月12日

二、死亡是生命的延续

虽然说生与死都是生命的状态，任何生命形式有生必有死，但是，死亡毕竟是对生命的否定，容易招致生命意志的排斥，人类早期就普遍存在否定死亡必然性和生命终极性的倾向。

人类这种不死的渴望，广泛存在于各种宗教形式和文明类型之中，他们有的宣称灵魂（精神）不死，有的幻想死而复活或羽化登仙，有的期待功名不朽，有的则想像生命轮回的可能性。所有的努力都来源于人类否定死亡、追求不死的生命冲动，用以抵消死亡这一铁一般的事实对生命造成的破坏以及由此衍生出来的死亡恐惧。

本节选文分为四类，分别是精神不死、功名永续、情谊长存和生死轮回，它们从不同的角度诉说“不死”的信仰。

法国大文豪雨果说“我将闭上尘世的眼睛；但是，精神的眼睛将始终张开着”，革命者法朗茨·梅特坚信“随着我的死同时开始了一种新的生命。他们可以杀死我的躯体，但永远不会使我的精神死亡”。

烈士刘愿庵嘱咐妻子“即使我死了，你还是——并且加倍地为我们的工作努力”。并且肯定“假如我死后有知，我俩心灵唯一的联系，是建筑在你能继续我们的工作与事业，而不是联系在你为我忧伤和忠诚不二上面”。

林觉民《与妻书》有这样一段话：“吾今与汝无言矣。吾居九泉之下遥闻汝哭声，当哭相和也。吾平日不信有鬼，今则又望其真有。今是人又言心电感应有道，吾亦望其言是实，则吾之死，吾灵尚依依旁汝也，汝不必以无侣悲。”深情告白妻子，死亡并不是阻隔夫妻彼此相爱的障碍。陈觉烈士在给妻子赵云霄的绝笔书中更直言：“你也迟早不免于死，我已请求父亲把我俩合葬。以前我们都不相信有鬼，现在则唯愿有鬼。

‘在天愿为比翼鸟，在地愿为并蒂莲，夫妻恩爱永，世世缔良缘。’”表达了生生世世情谊长存的愿望。

谭嗣同给夫人李闰的绝笔信中说：“小我虽灭，大我常存。”愿彼此“生生世世，同住莲花，如比迎陵毗迦同命鸟，比翼双飞，”并期待与之在“西方极乐世界”“他年重逢，再聚团圆”。在21世纪的今天，也有相当部分的人依然保留了期盼生死轮回以超越死亡的美好愿望。

1.精神不死

（1）阮玲玉致唐季珊

季珊：

我真做梦也想不到这样快，就会和你死别，但是不要悲哀，因为天下无不散的筵席，请你千万节哀为要。我很对你不住，令你为我受罪。现在他虽这样百般地诬害你我，但终有水落石出的一日，天网恢恢，疏而不漏，我看他又怎样地活着呢。鸟之将死，其鸣也悲，人之将死，其言也善；我死而有灵，将永永远远保护你的。我死之后，请代拿我之余资，来养活我母亲和囡囡，如果不够的话，请你费力吧！而且刻刻提防，免她老人家步我后尘，那是我所至望你的。你如果真的爱我，那就请你千万不要负我之所望才好。好了，有缘来生再会！另有公司欠我之人工，请代我收回，用来供养阿妈和囡囡，共二千零五十元，至要至要。另有一封信，如果外界知我自杀，即登报发表，如不知，请即不宣为要。

阮玲玉绝笔

廿四、三月七日午

（2）关于雨果的遗嘱[①]

法国19世纪浪漫主义文学的代表作家，被誉为“法兰西的莎士比亚”，“极少数的真正受到民众欢迎的作家之一，可能是唯一的一位”（萨特），“在文学界和艺术界惟一活在法兰西人民心中的伟人”（罗曼·罗

① 江河．中外名人遗书精编［M］．北京：中国文史出版社，2010：5（1）．

兰）。维克多·雨果(1802—1885)，于1885年5月22日因一场肺炎，以“欢迎死神降临”的姿态离开人世。临终之际，向孙子乔治和孙女让娜诀别。

在此之前，雨果于1881年留下一份遗嘱，并于1883年对该份遗嘱有所补充。在遗嘱中，雨果虽然拒绝了教堂的祷告，却重申了自己对上帝的信仰，表达了自己对宗教的理解，认为上帝、灵魂与责任是宗教的核心，肯定信仰中真理、光明、正义与良心的价值。

遗嘱通过他的遗嘱执行人朱尔·格雷维、莱昂·赛先生和莱昂·甘必太先生，把他的全部手稿，以及可以找到的他写成的一切书面性材料，都赠与巴黎国立图书馆。关于私产，他特别关爱自己生病的女儿和一个孙子、一个孙女。遗嘱表明他的遗产除去给他女儿必须的每年八千法郎外，其余全部归于他的孙子、孙女所有。其中他特别注明，要求孙子和孙女必须预先留出给他们母亲艾丽丝的终身年金一万两千法郎；同时也给政变时曾经冒着生命危险救过他的生命和保全了他手稿的一位勇敢女性留出年金。此外，他还在遗嘱中还表达了比天空更宽广的胸襟和高尚的人道主义精神，要求留下四万法郎给穷人，并希望用穷人的柩车把自己的遗体运送到墓地去，他拒绝任何教堂的祷告却请求为普天下的灵魂祈祷，践行了他的大爱情怀。

遗嘱的最后，雨果说他即将闭上他尘世的眼睛，但是他精神上的眼睛却将永远睁开着，而且比任何时候睁得更大。这恍惚让人看见了不死精神的永恒与伟大，让人们相信可以凭借精神的力量超越死亡与黑暗带来的恐惧，正如他临终遗言“我看到了黑色的光明……”

（3）法朗茨·梅特给妻子的遗书：为崇高目标而死，并不徒然[①]

或许，你会收到一封来自天国的信。难道是我有过错吗？虽然我不敢说是第一个为自己信念而死的人，但却可以说决不是最后一个为自己信念而死的人。我非常清楚我为什么而死。请不要为我伤心。你给予

① 屈国华．不死的灵魂——德国反法西斯死难烈士遗书［M］．北京：解放军出版社，2005：19–21.

了我一生中一切美好的东西，对此我衷心祝福并深深地感谢。请不要悲伤，生活还得继续下来。生命的轨迹就是一种生与死交织着的成长，没有死亡就不会有生命。我的死亡将开启新生命的茁壮。我的躯体会被他们消灭，但精神将永存不死，崇高的目标赋予死亡以神圣的意义。我的精神与你永远相伴，并祝福你。勇敢地活下去，同样勇敢地面对死亡，这两者始终给予我勇敢的品德。我将在另外的世界与我的兄弟们及米采团聚，也将与在我之前或之后死去的人相会。请带去我对贝尔塔、海德尔及所有好友深切的问候。我感激贝尔塔的一切善意与关怀，还希望她继续给予你生活上的帮助，这样，你能够战胜生活中的挑战与苦难，从而完成你毕生的使命。

代向我的父亲、母亲、图尔和莱娜致以深切的问候，也谨向你的所有亲人们致以深切的问候！

面对死亡，我无所畏惧。

最后，让我千百次地吻你。

你的法朗茨

（4）汉斯·克里斯蒂安·安徒生墓志铭

墓碑上镌刻着安徒生写于1830年的诗《老人》中最后的一段章节：

灵魂，上帝在其形体中已经创造，纯洁，永不可迷失，我们的人生就是这世间永恒的种子，我们的肉体可以死去，但灵魂永生！

2.功名永续

刘愿庵给妻子周敦婉的遗书

我最亲爱的婉：

久为敌人所欲得而甘心的我，现在被他们捕获，当然他们不会让我再延长我为革命致力的生命，我亦不愿如此拘囚下去，我现在是准备踏着我们先烈们的血迹去就义。我已经尽了我一切的努力贡献给了我们的党，我个人的责任算是尽了。所不释然于心的是此次我的轻易，我的没有注意一切技术，使我们的党受了很大的损失。这不仅是一种错误，简直是一种对革命的罪恶，我虽然死，但对党还是应该受处罚的。不过我的身体太坏，在这样烦剧而受迫害的环境中，我的身体和精神，表现非常疲惫，所以许多地方是忽略了。但我不敢求一切同志原谅，只是你，我的最亲爱的人，你曾经看见我一切勉强挣扎的困苦情形，只有希望你给我以原谅，原谅我不能如你的期望，很努力地、很致密地保护我们的阶级先锋队，我只有请求你的原谅。

对于你，我尤其是觉得太对不住你了。你给了我的热爱，给了我的勇气，随时鞭策我前进、努力；然而毕竟是没有能如你的期望，并给予你以最大的痛苦。我是太残酷地对你了。我唯一到现在还稍可自慰的，即是我曾经再三地问过你，你曾经很勇敢地答应我，即使我死了，你还是——并且加倍地为我们的工作努力。唯望你能够践言，把儿女子态的死别的痛苦丢开，把全部的精神，全部爱我的精神灌注在我们的事业上，不要一刻的懈怠、消极。你必须像《士敏土》中的黛莎一样，“有铁一样的心”。

我如此算了，我偶然想起，觉得有点可惜，我的某部分过人的精神和智能，若是不死，对于我们的工作有是许多贡献（虽然我一方面有许多弱点），然而现在是不可能了。我饱受了一切创痛，我曾经希望我们有一个小宝宝，我当以我的一切经验教育他，指导他，使他成为一个模范的“布尔什维克”，现在也尽成虚愿了。所唯一希望的，只是你，我唯一亲爱的人，我的同志，希望你随时记着我的一切，记着我某一些精神和处理工作的作风，继续我的工作，同时也随时记着我的一切弱点，我俩共同的弱点，努力去纠正，一一挽救我的罪过。

关于你的今后，必须要努力做一个改革的职业家，一切去教书谋生活等个人主义的倾向，当力求铲除，这才算真正的爱我。假如我死后有知，我俩心灵唯一的联系，是建筑在你能继续我们的工作与事业，而不是联系在你为我忧伤和忠诚不二上面。这是我理性的自觉，决不是饰词，或者故意如此说，以坚你的信爱，望你决不要错认了！

对于我的家庭，难说，难说，尤其是贫困衰老的父亲。整个社会无量数的老人在困苦颠连中，我的家庭，我的父亲，不过无量数中之一分子而已。我的努力革命，也何尝不是为此。然而毕竟对于家庭、对于父亲是太不孝了。社会是这样，又复何说。此后你如有力，望于可能时给父亲以安慰和孝养，尤其是小弟妹，当设法教之成立，这是我个人用以累你的一件事。不过对于我死的消息，目前对家庭，可暂秘密不宣，你写信去说我已到上海或出国去了，你随时捏造些消息，去欺骗父亲好了，不过可怜的父亲，是有两个儿子的生或死，永远不能知道了。

望你不要时刻想起我，尤其两年来一切同居的快乐，更不要无谓的去思量留恋，这样足以妨害工作，伤害身体，只希望你时时刻刻记起工作、工作、工作。

我被捕是在革命导师马克思的诞生（日）晨九点钟。我曾经用我的力量想销毁文件，与警察殴斗，可恨我是太书生了，没有力量如我的期望，反被他们殴伤了眼睛，并按在地下毒打了一顿，以致未能将主要的文件销毁，不免稍有牵连，这是我这两日心中最难过的地方。只希望同志们领取这一经验，努力军事化，武装每个人的身体。

我今日审了一堂，我勇敢地说话，算是没有丧失一个布尔什维克主义者的精神，可以告慰一切。在狱中许多工人对我们很表同情，毕竟无产阶级的意识是不能抹杀的，这是中国一线曙光，我们的牺牲，总算不是枉然的，因此我心中仍然是很快乐的。

再，我的尸体，千万照我平常向你说的，送给医院解剖，使我最后还能对社会人类有一点贡献，如亲友们一定要装殓钱，你必须如我的志愿与嘱托，坚决主张，千万千万，你必须这样，才算了解我。

我在拘囚与临死时，没有你的一点纪念物，这是心中很难过的一件事。但是你的心是紧紧系在我的心中的，我最后一刹那的呼吸，是念着你的名字，因为你是在这个宇宙中最爱我、最了解我的一个。

别了，亲爱的，我的情人，不要伤痛，努力工作，我在地下有灵，时刻是望着中国革命成功，而你是这中间一个努力工作的战斗员！

你的爱人死时遗言。

五月六日午后八时

3. 情谊长存

（1）林觉民《与妻书》[①]

意映卿卿如晤：

吾今以此书与汝永别矣！吾作此书时，尚是世中一人；汝看此书时，吾已成为阴间一鬼。吾作此书，泪珠和笔墨齐下，不能竟书而欲搁笔，又恐汝不察吾衷，谓吾忍舍汝而死，谓吾不知汝之不欲吾死也，故遂忍悲为汝言之。

吾至爱汝，即此爱汝一念，使吾勇于就死也。吾自遇汝以来，常愿天下有情人都成眷属；然遍地腥云，满街狼犬，称心快意，几家能彀？司马青衫，吾不能学太上之忘情也。语云：仁者“老吾老，以及人之老；幼吾幼，以及人之幼”。吾充吾爱汝之心，助天下人爱其所爱，所以敢先汝而死，不顾汝也。汝体吾此心，于啼泣之余，亦以天下人为念，当亦乐牺牲吾身与汝身之福利，为天下人谋永福也。汝其勿悲！

汝忆否？四五年前某夕，吾尝语曰：“与使吾先死也，无宁汝先我而死。”汝初闻言而怒，后经吾婉解，虽不谓吾言为是，而亦无词相答。吾之意盖谓以汝之弱，必不能禁失吾之悲，吾先死留苦与汝，吾心不忍，故宁请汝先死，吾担悲也。嗟夫！谁知吾卒先汝而死乎？吾真真不能忘汝也！回忆后街之屋，入门穿廊，过前后厅，又三四折，有小厅，厅旁一室，为吾与汝双栖之所。初婚三四个月，适冬之望日前后，窗外疏梅筛月影，依稀掩映；吾与（汝）并肩携手，低低切切，何事不语？何情不诉？及今思之，空余泪痕。又回忆六七年前，吾之逃家复归也，汝泣告我：“望今后有远行，必以告妾，妾愿随君行。”吾亦既许汝矣。前十余日回家，即欲乘便以此行之事语汝，及与汝相对，又不能启口，且以汝之有身也，更恐不胜悲，故惟日日呼酒买醉。嗟夫！当时余心之悲，盖不能以寸管形容之。

吾诚愿与汝相守以死，第以今日事势观之，天灾可以死，盗贼可以

---

① 选自《广州三月二十九日革命史》。

死，瓜分之日可以死，奸官污吏虐民可以死，吾辈处今日之中国，国中无地无时不可以死，到那时使吾眼睁睁看汝死，或使汝眼睁睁看吾死，吾能之乎？抑汝能之乎？即可不死，而离散不相见，徒使两地眼成穿而骨化石，试问古来几曾见破镜能重圆？则较死为苦也，将奈之何？今日吾与汝幸双健。天下人不当死而死与不愿离而离者，不可数计，钟情如我辈者，能忍之乎？此吾所以敢率性就死不顾汝也。吾今死无余憾，国事成不成自有同志者在。依新已五岁，转眼成人，汝其善抚之，使之肖我。汝腹中之物，吾疑其女也，女必像汝，吾心甚慰。或又是男，则亦教其以父志为志，则吾死后尚有二意洞在也。幸甚，幸甚！吾家后日当甚贫，贫无所苦，清静过日而已。

吾今与汝无言矣。吾居九泉之下遥闻汝哭声，当哭相和也。吾平日不信有鬼，今则又望其真有。今是人又言心电感应有道，吾亦望其言是实，则吾之死，吾灵尚依依旁汝也，汝不必以无侣悲。

吾平生未尝以吾所志语汝，是吾不是处；然语之，又恐汝日日为吾担忧。吾牺牲百死而不辞，而使汝担忧，的非吾所忍。吾爱汝至，所以为汝谋者惟恐未尽。汝幸而偶我，又何不幸而生今日中国！吾幸而得汝，又何不幸而生今日之中国！卒不忍独善其身。嗟夫！巾短情长，所未尽者，尚有万千，汝可以模拟得之。吾今不能见汝矣！汝不能舍吾，其时时于梦中得我乎！一恸！辛未三月廿六夜四鼓，意洞手书。

家中诸母皆通文，有不解处，望请其指教，当尽吾意为幸。

（2）陈觉写给妻子赵云霄的信

云霄我的爱妻：

这是我给你的最后的信了，我即日便要处死了，你已有身（孕），不可因我死而过于悲伤。他日无论生男或生女，我的父母会来抚养他的。我的作品以及我的衣物，你可以选择一些给他留作纪念。

你也迟早不免于死，我已请求父亲把我俩合葬。以前我们都不相信有鬼，现在则唯愿有鬼。“在天愿为比翼鸟，在地愿为并蒂莲，夫妻恩爱永，世世缔良缘。”回忆我俩在苏联求学时，互相切磋，互相勉励，课余时间闲谈琐事，共话桑麻，假期中或滑冰或避暑，或旅行或游历，形影相随。及去年返国后，你路过家门而不入，与我一路南下，共同工作。你在事业上、学业上所给我的帮助，是比任何教师任何同志都要大的，尤其是前年我本已病入膏肓，自度必为异国之鬼，而幸得你的殷勤看护，日夜不离，始得转危为安。那时若死，可说是轻于鸿毛，如今之死，则重于泰山了。

前日父亲来看我时还在设法营救我们，其诚是可感的，但我们宁愿玉碎却不愿瓦全。父母为我费了多少苦心才使我们成人，尤其是我那慈爱的母亲，我当年是瞒了他（她）出国的。我的妹妹时常写信告诉我，母亲天天为了惦念她的在异国的爱儿而流泪，我现在也懊悔此次在家乡工作时竟不去见他（她）老人家一面，到如今已是死生永别了。前日父亲来时我还活着，而他日来时只能看到他的爱儿的尸体了。我想起了我死后父母的悲伤，我也不觉流泪了。云！谁无父母，谁无儿女，谁无情人！我们正是为了救助全中国人民的父母和妻儿，所以牺牲了自己的一切。我们虽然是死了，但我们的遗志自有未死的同志来完成。大丈夫不成功便成仁，死又何憾！

此祝

健康

并问王同志好

觉手书

1928年10月10日

4.生死轮回

（1）谭嗣同写给夫人李闰的绝笔信

闰妻如面：

结缡十五年，原约相守以死，我今背盟矣！手写此信，我尚为世间一人；君看此信，我已成阴曹一鬼，死生契阔，亦复何言。惟念此身虽去、此情不渝，小我虽灭、大我常存。生生世世，同住莲花，如比迦陵毗迦同命鸟，比翼双飞，亦可互嘲。愿君视荣华如梦幻、视死辱为常事，无喜无悲，听其自然。我与殇儿，同在西方极乐世界相偕待君，他年重逢，再聚团圆。殇儿与我，灵魂不远、与君魂梦相依，望君遣怀。

戊戌八月九日，嗣同

（2）妈妈，来生我们还做母子①

母亲生前最后一句话是“好痛”。对她来说，天国也许是最好的归宿，因为那里没有病痛。母亲去世后，我常常觉得非常失落，总是不由自主想起和母亲共享天伦的日子。

母亲是一个慈爱、善良、朴实、勤劳的农村妇女，她的一生历尽坎坷，却依然乐观地生活，她的人生态度对我们一家人影响深远。

在我的记忆中，母亲从未体罚过我。我是家中老幺，集万千宠溺于一身，养成了任性、淘气的性格，闯过不少的祸，犯过很多错。每当这些事情发生时，母亲顶多也只是责怪一番，批评一下，并极力阻止暴怒的父亲对我出手教训。

对于母亲，在我的记忆中，有很多难以磨灭的画面。有感动、有快乐、有悔恨，也有伤悲。让我感动是我创业失败的那年，投入的资金打了水漂，与创业伙伴产生龃龉，闹到对簿公堂，最后官司打输，欠下巨款。我从一个事业有成的“社会精英”，沦落为生活无着的“负翁”。雪上加霜的是，前妻受不了残酷的现实生活，毅然离我而去。我一下子似乎变成了一条被无情抛弃的凄凉老狗，不知道该何去何从。母亲知道情况后，不顾年老体迈，不远千里赶到深圳，把我接回老家。我在母亲无微不至的关怀下，得到喘息疗伤的机会，为我日后的东山再起提供了契机。母亲始终是我最温暖的港湾。

让我觉得最快乐的事情是小时候母亲为我过生日。农村的生活条件不是很好，每年总是盼着生日那天可以吃顿好的。母亲也总是提前几天筹备。生日那天，中午是一碗香喷喷的鸡蛋长寿面，晚上则宰杀一只家

① 来源：志愿者提供。

养的鸡，两只鸡腿就是我生日的奖品。按照母亲的意思，男孩子应该健步如飞，鹏程万里。今天看来这些不值一提，但是对于儿时的我来说，这无疑是难得的奢侈享受。这一天，在母亲宠溺的目光下，我也获得了一些特权，比如说免除家务、逃避学校作业，等等。这就是幸福的感觉吗?

让我悔恨交加的事情是，在母亲最后的岁月里，本来约好了要接母亲到省城检查治疗，却因为种种缘故再三拖延，以致母亲失去了最佳的治疗时机。对此，我非常后悔和自责，假如当初我执着一些，带母亲去省城医院看病了，母亲也许不会这么快就离开我们。

让我悲伤难抑的是母亲的倏然离去。我完全没有做好她离开的准备，她就这样突然地走了，甚至没有留下一句完整的遗言。我还以为这次住院是和以往一样，过几天就可以回家了，哪知道这一去竟是永别。当医生告诉我们准备后事时，我依然不愿意放弃最后一丝希望，幻想母亲可以坚强地挺过去。在母亲的最后一晚，我一直守在重症监护室外面，我希望处于昏迷当中的母亲，哪怕隔着那扇冰冷的铁门，仍然能够感知我一直陪在她身边。

今天是母亲八十冥寿，母亲已经离开我们三年了，每年今日，我们都像和母亲在世时一样，为母亲庆生。我相信，母亲在天之灵一定能够感知这些，并为此欣慰的。母亲，你的慈爱、宽容、善良和乐观是我继续前行的路标。今生母子缘断，我祈求上天，来生我还做你的儿子。

下　篇

爱难忘——追忆亲人

第五章　在追忆中链接过去、现在

人生是一个不断追求的过程，也是一个不断失去的过程。前者体现了人生的“加法律”，后者则遵循人生的“减法律”。人们通常愿意处于人生的“加法”状态：享受亲情，向往爱情、体验健康，执着事业，坐拥财富……人们通常拒绝主动去做人生的“减法”，因为害怕失去任何美好的事物。然而丧失却往往不期而至，疾病、失业、失恋、失败等不速之客，不断光临我们的人生。

在所有的丧失中，最让人痛惜的是与“死亡”相关的失去。亲人的死亡对生者而言客观上造成了共同生活的结束、骨肉的分离、依赖的被斩断等。很显然，亲人的死亡给生者带来的失落感是巨大的，然而因死亡造成的丧失是否必然意味着生者和逝者之间爱的终结，则取决于生者如何对待这种丧失。

本章的选文都是述说生者失去亲人之后对亲情之爱的不变信念。这些选文均出自名家，它们或回忆逝者的生平，或感念逝者的恩德，或留恋与逝者的共同人生经历等，角度各异，但都在探寻“失去”的意义和价值。的确，人们常常发现只有当失去的时候才能发现失去的事物的真正价值。那么，失去的亲人的价值在哪里呢？选文给出的回应是：回顾逝者的人生，回顾生者与逝者曾经的关系和共同经历的事件，在回顾中重温爱，在回顾中将过去与现在融为一体。

一、逝者的人生“命运戏”

人们常说，人生如戏，戏如人生。逝者的人生“命运戏”各种各样，从剧本而言，或喜剧，或悲剧，或悲喜剧交加。从剧中角色的遭遇而言，或顺境，或逆境。这些对生者都产生了一定的影响。

清代文人沈复在他的名篇《浮生六记》中的第三记“坎坷记愁”一文中回忆了与妻子陈芸婚后的颠沛流离的经历以及妻子的悲剧人生。

陈芸作为媳妇因生活琐事被公公、婆婆所误会，并为其不喜。甚至发展到沈复父亲要求他“携妇别居”，后来虽然误会解除，陈芸得以回夫家生活。但是由于陈芸因弟弟和母亲的去世，悲伤过度导致“血疾”，又因沈复家境困苦“三日所进，不敷一日所出”，陈芸不愿就医（“芸誓不医药”）。为缓解经济困难状况，陈芸带病做绣工，却劳累过度“致增腰酸头晕之疾”，从此“芸病转增，唤水索汤，上下厌之”。后因借贷纠纷，夫妻两人被要求自谋生路，陈芸也开始了寄人篱下的生活。每况愈下的身体状况和经济条件，与病体抗争了八年，陈芸终于支撑不下去了，“痛泪两行，涔涔流溢。既而喘渐微，泪渐干，一灵缥缈，竟尔长逝”。沈复是这样描述当时的前景和心情的：“孤灯一盏，举目无亲，两手空拳，寸心欲碎。绵绵此恨，曷其有极！”何其凄凉。

陈芸死后，沈复对亡妻给予了较高的评价：“呜呼！芸一女流，具男子之襟怀才识。归吾门后，余日奔走衣食，中馈缺乏，芸能纤悉不介意。及余家居，惟以文字相辩析而已。卒之疾病颠连，赍恨以没，谁致之耶？余有负闺中良友，又何可胜道哉！”他还通过各种方式思念陈芸，祈求亡妻保佑自己“秋风已紧，身尚衣单，卿若有灵，佑我图得一馆，度此残年”。由此可以看出陈芸在沈复心中的地位，以及对沈复的影响。

（清）沈复《浮生六记》之“坎坷记愁”（节选）

……

乾隆乙巳（乾隆五十年），随侍吾父于海宁官舍。芸于吾家书中附寄小函。吾父曰：“媳妇既能笔墨，汝母家信付彼司之。”后家庭偶有闲言，吾母疑其述事不当，仍不令代笔。吾父见信非芸手笔，询余曰：“汝妇病耶？”余即作札问之，亦不答。久之，吾父怒曰：“想汝妇不屑代笔耳！”迨余归，探知委曲，欲为婉剖，芸急止之曰：“宁受责于翁，勿失欢于姑也。”竟不自白。

庚戌（乾隆五十五年）之春，予又随侍吾父于邗江（今扬州）幕中，有同事俞孚亭者，挈眷居焉。吾父谓孚亭曰：“一生辛苦，常在客中，欲觅一起居服役之人而不可得。儿辈果能仰体亲意，当于家乡觅一人来，庶语音相合。”孚亭转述于余，密札致芸，倩媒物色，得姚氏女。芸以成否未定，未即禀知吾母。其来也，托言邻女之嬉游者，及吾父命余接取至署，芸又听旁人意见，托言吾父素所合意者。吾母见之曰：“此邻女之嬉游者也，何娶之乎？”芸遂并失爱于姑矣。

壬子（乾隆五十七年）春，余馆真州。吾父病于邗江，余往省，亦病焉。余弟启堂时亦随侍。芸来书曰：“启堂弟曾向邻妇借贷，倩芸作保，现追索甚急。”余询启堂，启堂转以嫂氏为多事，余遂批纸尾曰：“父子皆病，无钱可偿，俟启弟归时，自行打算可也。”未几病皆愈，余仍往真州。芸覆书来，吾父拆视之，中述启弟邻项事，且云：“令堂以老人之病，皆由姚姬而起。翁病稍痊，宜密嘱姚托言思家，妾当令其家父母到扬接取。实彼此卸责之计也。”吾父见书怒甚，询启堂以邻项事，答言不知，遂札饬余曰：“汝妇背夫借债，谗谤小叔，且称姑曰令堂，翁曰老人，悖谬之甚！我已专人持札回苏斥逐，汝若稍有人心，亦当知过！”余接此札，如闻青天霹雳，即肃书认罪，觅骑遄归，恐芸之短见也。到家述其本末，而家人乃持逐书至，历斥多过，言甚决绝。芸泣曰：“妾固不合妄言，但阿翁当恕妇女无知耳。”越数日，吾父又有手谕至，曰：“我不为已甚，汝携妇别居，勿使我见，免我生气足矣。”乃寄芸于外家，而芸以母亡弟出，不愿往依族中，幸友人鲁半舫闻而怜之，招余夫妇往居其家萧爽楼。越两载，吾父渐知始末，适余自岭南归，吾父自至萧爽楼谓芸曰：“前事我已尽知，汝盍归乎？”余夫妇欣然，仍归故宅，骨肉重圆。岂料又有憨园之孽障耶！

芸素有血疾，以其弟克昌出亡不返，母金氏复念子病殁，悲伤过甚所致。自识憨园，年余未发，余方幸其得良药。而憨为有力者夺去，以千金作聘，且许养其母。佳人已属沙叱利矣！余知之而未敢言也，及芸往探始知之，归而呜咽，谓余曰："初不料憨之薄情乃尔也！"余曰："卿自情痴耳，此中人何情之有哉？况锦衣玉食者，未必能安于荆钗布裙也，与其后悔，莫若无成。"因抚慰之再三。而芸终以受愚为恨，血疾大发，床席支离，刀圭无效，时发时止，骨瘦形销。不数年而逋负日增，物议日起，老亲又以盟妓一端，憎恶日甚，余则调停中立。已非生人之境矣。

芸生一女名青君，时年十四，颇知书，且极贤能，质钗典服，幸赖辛劳。子名逢森，时年十二，从师读书。余连年无馆，设一书画铺于家门之内，三日所进，不敷一日所出，焦劳困苦，竭蹶时形。隆冬无裘，挺身而过，青君亦衣单股栗，犹强曰"不寒"。因是芸誓不医药。偶能起床，适余有友人周春煦自福郡王幕中归，倩人绣《心经》一部，芸念绣经可以消灾降福，且利其绣价之丰，竟绣焉。而春煦行色匆匆，不能久待，十日告成，弱者骤劳，致增腰酸头晕之疾。岂知命薄者，佛亦不能发慈悲也！

绣经之后，芸病转增，唤水索汤，上下厌之。有西人赁屋于余画铺之左，放利债为业，时倩余作画，因识之。友人某向渠借五十金，乞余作保，余以情有难却，允焉，而某竟挟资远遁。西人惟保是问，时来饶舌，初以笔墨为抵，渐至无物可偿。岁底吾父家居，西人索债，咆哮于门。吾父闻之，召余诃责曰："我辈衣冠之家，何得负此小人之债！"正剖诉间，适芸有自幼同盟姊锡山华氏，知其病，遣人问讯。堂上误以为憨园之使，因愈怒曰："汝妇不守闺训，结盟娼妓；汝亦不思习上，滥伍小人。若置汝死地，情有不忍，姑宽三日限，速自为计，迟必首汝逆矣！"

芸闻而泣曰："亲怒如此，皆我罪孽。妾死君行，君必不忍；妾留君去，君必不舍。姑密唤华家人来，我强起问之。"因令青君扶至房外，呼华使问曰："汝主母特遣来耶？抑便道来耶？"曰："主母久闻夫人卧病，本欲亲来探望，因从未登门，不敢造次，临行嘱咐，倘夫人不嫌乡居简亵，不妨到乡调养，践幼时灯下之言。"盖芸与同绣日，曾有疾病相扶之誓也。因嘱之曰："烦汝速归，禀知主母，于两日后放舟密来。"其人既退，谓余曰："华家盟姊情逾骨肉，君若肯至其家，不妨同行，但儿女携之同往既不便，留之累亲又不可，必于两日内安顿之。"

……

余欲延医诊治，芸阻曰："妾病始因弟亡母丧，悲痛过甚，继为情感，后由忿激，而平素又多过虑，满望努力做一好媳妇，而不能得，以至头眩、怔忡诸症毕备，所谓病入膏肓，良医束手，请勿为无益之费。忆妾唱随二十三年，蒙君错爱，百凡体恤，不以顽劣见弃，知己如君，得婿如此，妾已此生无憾！若布衣暖，菜饭饱，一室雍雍，优游泉石，如沧浪亭、萧爽楼之处境，真成烟火神仙矣。神仙几世才能修到，我辈何人，敢望神仙耶？强而求之，致干造物之忌，即有情魔之扰。总因君太多情，妾生薄命耳！"因又呜咽而言曰："人生百年，终归一死。今中道相离，忽焉长别，不能终奉箕帚，目睹逢森娶妇，此心实觉耿耿。"言已，泪落如豆。余勉强慰之曰："卿病八年，恹恹欲绝者屡矣，今何忽作断肠语耶？"芸曰："连日梦我父母放舟来接，闭目即飘然上下，如行云雾中，殆魂离而躯壳存乎？"余曰："此神不收舍，服以补剂，静心调养，自能安痊。"芸又唏嘘曰："妾若稍有生机一线，断不敢惊君听闻。今冥路已近，苟再不言，言无日矣。君之不得亲心，流离颠沛，皆由妾故，妾死则亲心自可挽回，君亦可免牵挂。堂上春秋高矣，妾死，君宜早归。如无力携妾骸骨归，不妨暂居于此，待君将来可耳。愿君另续德容兼备者，以奉双亲，抚我遗子，妾亦瞑目矣。"言至此，痛肠欲裂，不觉惨然大恸。余曰："卿果中道相舍，断无再续之理，况'曾经沧海难为水，除却巫山不是云'耳。"芸乃执余手而更欲有言，仅断续叠言"来世"二字，忽发喘口噤，两目瞪视，千呼万唤已不能言。痛泪两行，涔涔流溢。既而喘渐微，泪渐干，一灵缥缈，竟尔长逝！时嘉庆癸亥（嘉庆八年）三月三十日也。当是时，孤灯一盏，举目无亲，两手空拳，寸心欲碎。绵绵此恨，曷其有极！

……

余乃张灯入室，见铺设宛然而音容已杳，不禁心伤泪涌。又恐泪眼模糊失所欲见，忍泪睁目，坐床而待。抚其所遗旧服，香泽犹存，不觉柔肠寸断，冥然昏去。转念待魂而来，何遽睡耶？开目四现，见席上双烛青焰荧荧，缩光如豆，毛骨悚然，通体寒栗。因摩两手擦额，细瞩之，双焰渐起，高至尺许，纸裱顶格几被所焚。余正得借光四顾间，光忽又缩如前。此时心舂股栗，欲呼守者进观，而转念柔魂弱魄，恐为盛阳所逼，悄呼芸名而祝之，满室寂然，一无所见，既而烛焰复明，不复腾起矣。出告禹门，服余胆壮，不知余实一时情痴耳。

芸殁后，忆和靖“妻梅子鹤”语，自号梅逸。权葬芸于扬州西门外之金桂山，俗呼郝家宝塔。买一棺之地，从遗言寄于此。携木主（死者的灵牌）还乡，吾母亦为悲悼，青君、逢森归来，痛哭成服。启堂进言曰：“严君怒犹未息，兄宜仍往扬州，俟严君归里，婉言劝解，再当专札相招。”余遂拜母别子女，痛哭一场，复至扬州，卖画度日。因得常哭于芸娘之墓，影单形只，备极凄凉，且偶经故居，伤心惨目。重阳日，邻冢皆黄，芸墓独青，守坟者曰：“此好穴场，故地气旺也。”余暗祝曰：“秋风已紧，身尚衣单，卿若有灵，佑我图得一馆，度此残年，以持家乡信息。”未几，江都幕客章驭庵先生欲回浙江葬亲，倩余代庖三月，得备御寒之具。封篆出署，张禹门招寓其家。张亦失馆，度岁艰难，商于余，即以余资二十金倾囊借之，且告曰：“此本留为亡荆扶柩之费，一俟得有乡音，偿我可也。”是年即寓张度岁，晨占夕卜，乡音殊杳。

……

舟出京口，琢堂有旧交王惕夫孝廉在淮扬盐署，绕道往晤，余与偕往，又得一顾芸娘之墓。返舟由长江溯流而上，一路游览名胜。至湖北之荆州，得升潼关观察（道员的别称）之信，遂留余与其嗣君敦夫眷属等，暂寓荆州，琢堂轻骑减从至重庆度岁，遂由成都历栈道之任。丙寅（嘉庆十一年）二月，川眷始由水路往，至樊城登陆。途长费巨，车重人多，毙马折轮，备尝辛苦。抵潼关甫三月，琢堂又升山左廉访（山东巡抚），清风两袖。眷属不能偕行，暂借潼川书院作寓。十月杪，始支山左廉俸，专人接眷，附有青君之书，骇悉逢森于四月间夭亡，始忆前之送余堕泪者，盖父子永诀也。呜呼！芸仅一子，不得延其嗣续耶！琢堂闻之，亦为之浩叹，赠余一妾，重入春梦。从此扰扰攘攘，又不知梦醒何时耳。

二、生命列车上曾与逝者同行

人生如同一趟生命列车，人的一生中的经历犹如列车中的各种偶遇，他们曾与我们同行，形成友情、亲情、爱情等，这一切都丰富了我们的人生体验。有的人带给你快乐与温暖，有的人带给你悲伤与冷漠；有的人成为你的“贵人”，有的人仅仅是你生命中的匆匆过客，不管怎样，生命列车上的每个站点，有人上车，有人下车。你会发现同行者只能陪你走过某段旅程，即使你有太多的不舍。曾经的陪伴就是最美好的回忆。

《寒花葬志》中归有光描述了小妾寒花三件小事，表达了对她的不舍与思念。《阿长与〈山海经〉》中描述了鲁迅小时候曾对长妈妈由不敬与讨厌，到尊敬与喜欢的演变过程，件件小事中处处饱含爱与真情。《祭妹文》中袁枚描述了与妹妹从小到大相处的点滴小事，表达了对妹妹的感激与思念。生命列车不断前行，人纵有不舍，但曾经的相遇与陪伴，生者与逝者曾同在一个故事中，这就是最美好的回忆。

1.（明）归有光《寒花葬志》

婢，魏孺人媵也。嘉靖丁酉五月四日死，葬虚丘。事我而不卒，命也夫！

婢初媵时，年十岁，垂双鬟，曳深绿布裳。一日天寒，爇火煮荸荠熟，婢削之盈瓯，予入自外，取食之；婢持去，不与。魏孺人笑之。孺人每令婢倚几旁饭，即饭，目眶冉冉动，孺人又指予以为笑。

回思是时，奄忽便已十年。吁，可悲也已！

——选自《四部丛刊》本《震川先生文集》

2. 鲁迅《阿长与〈山海经〉》

长妈妈，已经说过，是一个一向带领着我的女工，说得阔气一点，就是我的保姆。我的母亲和许多别的人都这样称呼她，似乎略带些客气的意思。只有祖母叫她阿长。我平时叫她“阿妈”，连“长”字也不带；但到憎恶她的时候，——例如知道了谋死我那隐鼠的却是她的时候，就叫她阿长。

我们那里没有姓长的；她生得黄胖而矮，“长”也不是形容词。又不是她的名字，记得她自己说过，她的名字是叫作什么姑娘的。什么姑娘，我现在已经忘却了，总之不是长姑娘；也终于不知道她姓什么。记得她也曾告诉过我这个名称的来历：先前的先前，我家有一个女工，身材生得很高大，这就是真阿长。后来她回去了，我那什么姑娘才来补她的缺，然而大家因为叫惯了，没有再改口，于是她从此也就成为长妈妈了。

虽然背地里说人长短不是好事情，但倘使要我说句真心话，我可只得说：我实在不大佩服她。最讨厌的是常喜欢切切察察，向人们低声絮说些什么事，还竖起第二个手指，在空中上下摇动，或者点着对手或自己的鼻尖。我的家里一有些小风波，不知怎的我总疑心和这“切切察察”有些关系。又不许我走动，拔一株草，翻一块石头，就说我顽皮，要告诉我的母亲去了。一到夏天，睡觉时她又伸开两脚两手，在床中间摆成一个“大”字，挤得我没有余地翻身，久睡在一角的席子上，又已经烤得那么热。推她呢，不动；叫她呢，也不闻。

“长妈妈生得那么胖，一定很怕热罢？晚上的睡相，怕不见得很好罢？……”

母亲听到我多回诉苦之后，曾经这样地问过她。我也知道这意思是要她多给我一些空席。她不开口。但到夜里，我热得醒来的时候，却仍然看见满床摆着一个“大”字，一条臂膊还搁在我的颈子上。我想，这实在是无法可想了。

但是她懂得许多规矩；这些规矩，也大概是我所不耐烦的。一年中最高兴的时节，自然要数除夕了。辞岁之后，从长辈得到压岁钱，红纸包着，放在枕边，只要过一宵，便可以随意使用。睡在枕上，看着红包，想到明天买来的小鼓、刀枪、泥人、糖菩萨……然而她进来，又将一个福橘放在床头了。

“哥儿，你牢牢记住！”她极其郑重地说，“明天是正月初一，清早一睁开眼睛，第一句话就得对我说：‘阿妈，恭喜恭喜！’记得么？你要记着，这是一年的运气的事情。不许说别的话！说过之后，还得吃一点福橘。”她又拿起那橘子来在我的眼前摇了两摇，“那么，一年到头，顺顺流流……。”

梦里也记得元旦的，第二天醒得特别早，一醒，就要坐起来。她却立刻伸出臂膊，一把将我按住。我惊异地看她时，只见她惶急地看着我。

她又有所要求似的，摇着我的肩。我忽而记得了——

“阿妈，恭喜……”

“恭喜恭喜！大家恭喜！真聪明！恭喜恭喜！”她于是十分欢喜似的，笑将起来，同时将一点冰冷的东西，塞在我的嘴里。我大吃一惊之后，也就忽而记得，这就是所谓福橘，元旦辟头的磨难，总算已经受完，可以下床玩耍去了。

她教给我的道理还很多，例如说人死了，不该说死掉，必须说“老掉了”；死了人，生了孩子的屋子里，不应该走进去；饭粒落在地上，必须拣起来，最好是吃下去；晒裤子用的竹竿底下，是万不可钻过去的……此外，现在大抵忘却了，只有元旦的古怪仪式记得最清楚。总之：都是些烦琐之至，至今想起来还觉得非常麻烦的事情。

然而我有一时也对她发生过空前的敬意。她常常对我讲“长毛”。她之所谓“长毛”者，不但洪秀全军，似乎连后来一切土匪强盗都在内，但除却革命党，因为那时还没有。她说得长毛非常可怕，他们的话就听不懂。她说先前长毛进城的时候，我家全都逃到海边去了，只留一个门房和年老的煮饭老妈子看家。后来长毛果然进门来了，那老妈子便叫他们“大王”，——据说对长毛就应该这样叫，——诉说自己的饥饿。长毛笑道："那么，这东西就给你吃了罢！"将一个圆圆的东西掷了过来，还带着一条小辫子，正是那门房的头。煮饭老妈子从此就骇破了胆，后来一提起，还是立刻面如土色，自己轻轻地拍着胸埔道："阿呀，骇死我了，骇死我了……"

我那时似乎倒并不怕，因为我觉得这些事和我毫不相干的，我不是一个门房。但她大概也即觉到了，说道："像你似的小孩子，长毛也要掳的，掳去做小长毛。还有好看的姑娘，也要掳。"

"那么，你是不要紧的。"我以为她一定最安全了，既不做门房，又不是小孩子，也生得不好看，况且颈子上还有许多炙疮疤。

"那里的话！"她严肃地说，"我们就没有用处？我们也要被掳去。城外有兵来攻的时候，长毛就叫我们脱下裤子，一排一排地站在城墙上，外面的大炮就放不出来；再要放，就炸了！"

这实在是出于我意想之外的，不能不惊异。我一向只以为她满肚子是麻烦的礼节罢了，却不料她还有这样伟大的神力。从此对于她就有了特别的敬意，似乎实在深不可测；夜间的伸开手脚，占领全床，那当然是情有可原的了，倒应该我退让。

这种敬意，虽然也逐渐淡薄起来，但完全消失，大概是在知道她谋害了我的隐鼠之后。那时就极严重地诘问，而且当面叫她阿长。我想我又不真做小长毛，不去攻城，也不放炮，更不怕炮炸，我惧惮她什么呢！

但当我哀悼隐鼠，给它复仇的时候，一面又在渴慕着绘图的《山海经》了。这渴慕是从一个远房的叔祖惹起来的。他是一个胖胖的，和蔼的老人，爱种一点花木，如珠兰、茉莉之类，还有极其少见的，据说从北边带回去的马缨花。他的太太却正相反，什么也莫名其妙，曾将晒衣服的竹竿搁在珠兰的枝条上，枝折了，还要愤愤地咒骂道："死尸！"这老人是个寂寞者，因为无人可谈，就很爱和孩子们往来，有时简直称我们为"小友"。在我们聚族而居的宅子里，只有他书多，而且特别。制艺和试帖诗，自然也是有的；但我却只在他的书斋里，看见过陆玑的《毛诗草木鸟兽虫鱼疏》，还有许多名目很生的书籍。我那时最爱看的是《花镜》，上面有许多图。他说给我听，曾经有过一部绘图的《山海经》，画着人面的兽，九头的蛇，三脚的鸟，生着翅膀的人，没有头而以两乳当作眼睛的怪物，……可惜现在不知道放在那里了。

很愿意看看这样的图画，但不好意思力逼他去寻找，他是很疏懒的。问别人呢，谁也不肯真实地回答我。压岁钱还有几百文，买罢，又没有好机会。有书买的大街离我家远得很，我一年中只能在正月间去玩一趟，那时候，两家书店都紧紧地关着门。

玩的时候倒是没有什么的，但一坐下，我就记得绘图的《山海经》。

大概是太过于念念不忘了，连阿长也来问《山海经》是怎么一回事。这是我向来没有和她说过的，我知道她并非学者，说了也无益；但既然来问，也就都对她说了。

过了十多天，或者一个月罢，我还记得，是她告假回家以后的四五天，她穿着新的蓝布衫回来了，一见面，就将一包书递给我，高兴地说道：——“哥儿，有画儿的‘三哼经’，我给你买来了！”

我似乎遇着了一个霹雳，全体都震悚起来；赶紧去接过来，打开纸包，是四本小小的书，略略一翻，人面的兽，九头的蛇，……果然都在内。

又使我发生新的敬意了，别人不肯做，或不能做的事，她却能够做成功。她确有伟大的神力。谋害隐鼠的怨恨，从此完全消灭了。

这四本书，乃是我最初得到，最为心爱的宝书。

书的模样，到现在还在眼前。可是从还在眼前的模样来说，却是一部刻印都十分粗拙的本子。纸张很黄；图象也很坏，甚至于几乎全用直线凑合，连动物的眼睛也都是长方形的。但那是我最为心爱的宝书，看起来，确是人面的兽；九头的蛇；一脚的牛；袋子似的帝江；没有头而“以乳为目，以脐为口”，还要“执干戚而舞”的刑天。

此后我就更开始搜集绘图的书，于是有了石印的《尔雅音图》和《毛诗品物图考》，又有了《点石斋丛画》和《诗画舫》。《山海经》也另买了一部石印的，每卷都有图赞，绿色的画，字是红的，比那木刻的精致得多了。这一部直到前年还在，是缩印的郝懿行疏。木刻的却已经记不清是什么时候失掉了。

我的保姆，长妈妈即阿长，辞了这人世，大概也有了三十年了罢。我终于不知道她的姓名，她的经历；仅知道有一个过继的儿子，她大约是青年守寡的孤孀。

仁厚黑暗的地母呵，愿在你怀里永安她的魂灵！

三月十日

3.（清）袁枚《祭妹文》

乾隆丁亥冬，葬三妹素文于上元之羊山，而奠以文曰：

呜呼！汝生于浙而葬于斯，离吾乡七百里矣，当时虽觭梦幻想，宁知此为归骨所耶？

汝以一念之贞，遇人仳离，致孤危托落。虽命之所存，天实为之；然而累汝至此者，未尝非予之过也。予幼从先生授经，汝差肩而坐，爱听古人节义事；一旦长成，遽躬蹈之。呜呼！使汝不识《诗》、《书》，或未必艰贞若是。

余捉蟋蟀，汝奋臂出其间；岁寒虫僵，同临其穴。今予殓汝葬汝，而当日之情形憬然赴目。予九岁，憩书斋，汝梳双髻，披单缣来，温《缁衣》一章。适先生奓户入，闻两童子音琅琅然，不觉莞尔，连呼“则则”。此七月望日事也，汝在九原，当分明记之。予弱冠粤行，汝掎裳悲恸。逾三年，予披宫锦还家，汝从东厢扶案出，一家瞠视而笑，不记语从何起，大概说长安登科、函使报信迟早云尔。凡此琐琐，虽为陈迹，然我一日未死，则一日不能忘。旧事填膺，思之凄梗，如影历历，逼取便逝。悔当时不将嫛婗情状，罗缕纪存。然而汝已不在人间，则虽年光倒流，儿时可再，而亦无与为证印者矣。

汝之义绝高氏而归也，堂上阿奶，仗汝扶持；家中文墨昳汝办治。尝谓女流中最少明经义、谙雅故者，汝嫂非不婉嫕，而于此微缺然。故自汝归后，虽为汝悲，实为予喜。予又长汝四岁，或人间长者先亡，可将身后托汝，而不谓汝之先予以去也！

前年予病，汝终宵刺探，减一分则喜，增一分则忧。后虽小差，犹尚殗殜，无所娱遣。汝来床前，为说稗官野史可喜可愕之事，聊资一欢。呜呼！今而后，吾将再病，教从何处呼汝耶！

汝之疾也，予信医言无害，远吊扬州。汝又虑戚吾心，阻人走报。及至绵惙已极，阿奶问："望兄归否？"强应曰："诺"。已予先一日梦汝来诀，心知不祥，飞舟渡江。果予以未时还家，而汝以辰时气绝。四支犹温，一目未瞑，盖犹忍死待予也。呜呼痛哉！早知诀汝，则予岂肯远游？即游，亦尚有几许心中言要汝知闻，共汝筹画也。而今已矣！除吾死外，当无见期。吾又不知何日死，可以见汝；而死后之有知无知，与得见不得见，又卒难明也。然则抱此无涯之憾，天乎人乎，而竟已乎！

汝之诗，吾已付梓；汝之女，吾已代嫁；汝之生平，吾已作传；惟汝之窀穸，尚未谋耳。先茔在杭，江广河深，势难归葬，故请母命而宁汝于斯，便祭扫也。其旁葬汝女阿印。其下两冢，一为阿爷侍者朱氏，一为阿兄侍者陶氏。羊山旷渺，南望原隰，西望栖霞，风雨晨昏，羁魂有伴，当不孤寂。所怜者，吾自戊寅年读汝哭侄诗后，至今无男，两女牙牙，生汝死后，才周晬耳。予虽亲在未敢言老，而齿危发秃，暗里自知；知在人间，尚复几日？阿品远官河南，亦无子女，九族无可继者。汝死我葬，我死谁埋？汝倘有灵，可能告我？

呜呼！身前既不可想，身后又不可知，哭汝既不闻汝言，奠汝又不见汝食。纸灰飞扬，朔风野大，阿兄归矣，犹屡屡回头望汝也。呜呼哀哉！呜呼哀哉！

三、穿越时空的生者与逝者

这一节在资料选择上，我们重点搜集的是亲情中父亲、母亲的资料。本节选文的视角是亲人离去，但是逝者的恩情与生者的感念却可以穿透生死距离，亲情之爱的力量也可以打破阴阳阻隔，不会逝去的是亲恩，不会忘记的是思念。恩情与感念让生者与死者穿越时空，把恩铭刻，把爱延续。

《怀念我的父亲》描述了父爱如山，父亲的德行，同时也有深深的懊悔；因为工作，在外打拼，没有给父亲更多的陪伴，没能更多地报答养育之恩。《我的母亲》中描述了一个善良、柔中带刚的母亲形象。“生命是母亲给我的。我之能长大成人，是母亲的血汗灌养的。我之能成为一个不十分坏的人，是母亲感化的。”这是作者对母亲的感恩，也是在追忆中倍感遗憾，“她一世未曾享过一天福，临死还吃的是粗粮。唉！还说什么呢？心痛！心痛！”

老舍《我的母亲》

母亲的娘家是北平德胜门外，土城儿外边，通大钟寺的大路上的一个小村里。村里一共有四五家人家，都姓马。大家都种点不十分肥美的地，但是与我同辈的兄弟们，也有当兵的，作木匠的，作泥水匠的，和当巡警的。他们虽然是农家，却养不起牛马，人手不够的时候，妇女便也须下地作活。

对于姥姥家，我只知道上述的一点。外公外婆是什么样子，我就不知道了，因为他们早已去世。至于更远的族系与家史，就更不晓得了；穷人只能顾眼前的衣食，没有功夫谈论什么过去的光荣；“家谱”这字眼，我在幼年就根本没有听说过。

母亲生在农家，所以勤俭诚实，身体也好。这一点事实却极重要，因为假若我没有这样的一位母亲，我以为我恐怕也就要大大的打个折扣了。

母亲出嫁大概是很早，因为我的大姐现在已是六十多岁的老太婆，而我的大外甥女还长我一岁啊。我有三个哥哥，四个姐姐，但能长大成人的，只有大姐、二姐、三哥与我。我是“老”儿子。生我的时候，母亲已有四十一岁，大姐二姐已都出了阁。

由大姐与二姐所嫁人的家庭来推断，在我生下之前，我的家里，大概还马马虎虎的过得去。那时候订婚讲究门当户对，而大姐丈是作小官的，二姐丈也开过一间酒馆，他们都是相当体面的人。

可是，我，我给家庭带来了不幸：我生下来，母亲晕过去半夜，才睁眼看见她的老儿子——感谢大姐，把我揣在怀里，致未冻死。

一岁半，我把父亲“克”死了。

兄不到十岁，三姐十二、三岁，我才一岁半，全仗母亲独立抚养了。父亲的寡姐跟我们一块儿住，她吸鸦片，她喜摸纸牌，她的脾气极坏。为我们的衣食，母亲要给人家洗衣服，缝补或裁缝衣裳。在我的记忆中，她的手终年是嫩红微肿的。白天，她洗衣服，洗一两大绿瓦盆。她作事永远丝毫也不敷衍，就是屠户们送来的黑如铁的布袜，她也给洗得雪白。晚间，她与三姐抱着一盏油灯，还要缝补衣服，一直到半夜。她终年没有休息，可是在忙碌中她还把院子屋中收拾得清清爽爽。桌椅都是旧的，柜门铜活久以残缺不全，可是她的手老使破桌面上没有尘土，残破的铜活发着光。院中，父亲遗留下的几盆石榴与夹竹桃，永远会得到应有的浇灌与爱护，年年夏天开许多花。

哥哥似乎没有同我玩耍过。有时候，他去读书；有时候，他去学徒；有时候，他也去卖花生或樱桃之类的小东西。母亲含着泪把他送走，不到两天，又含着泪接他回来。我不明白这都是什么事，而只觉得与他很生疏。与母亲相依为命的是我与三姐。因此，他们作事，我老在后面跟着。他们浇花，我也张罗着取水；他们扫地，我就撮土……从这里，我学得了爱花，爱清洁，守秩序。这些习惯至今还被我保存着。

有客人来，无论手中怎么窘，母亲也要设法弄一点东西去款待。舅父与表哥们往往是自己掏钱买酒肉食，这使她脸上羞得飞红，可是殷勤的给他们温酒作面，又给她一些喜悦。遇上亲友家中有喜丧事，母亲必把大褂洗得干干净净，亲自去贺吊——一份礼也许只是两吊小钱。到如今为我的好客的习性，还未全改，尽管生活是这么清苦，因为自幼儿看惯了的事情是不易于改掉的。

姑母常闹脾气，她单在鸡蛋里找骨头，她是我家中的阎王。直到我入了中学，她才死去，我可是没有看见母亲反抗过。“没受过婆婆的气，还不受大姑子的吗？命当如此！”母亲在非解释一下不足以平服别人的时候，才这样说。是的，命当如此。母亲活到老，穷到老，辛苦到老，全是命当如此。她最会吃亏。给亲友邻居帮忙，她总跑在前面：她会给婴儿洗三——穷朋友们可以因此少花一笔“请姥姥”钱，她会刮痧，她会给孩子们剃头，她会给少妇们绞脸……凡是她能作的，都有求必应。但是吵嘴打架，永远没有她。她宁吃亏，不逗气。当姑母死去的时候，母亲似乎把一世的委屈都哭了出来，一直哭到坟地。不知道哪里来的一位侄子，声称有继承权，母亲便一声不响，教他搬走那些破桌子烂板凳，而且把姑母养的一只肥母鸡也送给他。

可是，母亲并不软弱。母亲死在庚子闹“拳”的那一年。联军入城，挨家搜索财物鸡鸭，我们被搜过两次。母亲拉着哥哥与三姐坐在墙根，等着“鬼子”进门，街门是开着的。“鬼子”进门，一刺刀先把老黄狗刺死，而后入室搜索。他们走后，母亲把破衣箱搬起，才发现了我。假若箱子不空，我早就被压死了。皇上跑了，丈夫死了，鬼子来了，满城是血光火焰，可是母亲不怕，她要在刺刀下，饥荒中，保护着儿女。北平有多少变乱啊，有时候兵变了，街市整条的烧起，火团落在我们的院中。有时候内战了，城门紧闭，铺店关门，昼夜响着枪炮。这惊恐，这紧张，再加上一家饮食的筹划，儿女安全的顾虑，岂是一个软弱的老寡妇所能受得起的？可是，在这种时候，母亲的心横起来，她不慌不哭，要从无办法中想出办法来。她的泪会往心中落！这点软而硬的个性，也传给了我。我对一切人与事，都取和平的态度，把吃亏看作当然的。但是，在做人上，我有一定的宗旨与基本的法则，什么事都可以将就，而不能超过自己画好的界限。我怕见生人，怕办杂事，怕出头露面；但是到了非我去不可的时候，我便不敢不去，正像我的母亲。从私塾到小学，到中学，我经历过起码有二十位教师吧，其中有给我很大影响的，也有毫无影响的，但是我的真正的教师，把性格传给我的，是我的母亲。母亲并不识字，她给我的是生命的教育。

当我在小学毕了业的时候，亲友一致的愿意我去学手艺，好帮助母亲。我晓得我应当去找饭吃，以减轻母亲的勤劳困苦。可是，我也愿意升学。我偷偷的考入了师范学校——制服，饭食，书籍，宿处，都由学校供给。只有这样，我才敢对母亲说升学的话。入学，要交十元的保证金。这是一笔巨款！母亲作了半个月的难，把这巨款筹到，而后含泪把我送出门去。她不辞劳苦，只要儿子有出息。当我由师范毕业，而被派为小学校校长，母亲与我都一夜不曾合眼。我只说了句："以后，您可以歇一歇了！"她的回答只有一串串的眼泪。我入学之后，三姐结了婚。母亲对儿女是都一样疼爱的，但是假若她也有点偏爱的话，她应当偏爱三姐，因为自父亲死后，家中一切的事情都是母亲和三姐共同撑持的。三姐是母亲的右手。但是母亲知道这右手必须割去，她不能为自己的便利而耽误了女儿的青春。当花轿来到我们的破门外的时候，母亲的手就和冰一样的凉，脸上没有血色——那是阴历四月，天气很暖。大家都怕她晕过去。可是，她挣扎着，咬着嘴唇，手扶着门框，看花轿徐徐的走去。不久，姑母死了。三姐已出嫁，哥哥不在家，我又住学校，家中只剩母亲自己。她还须自晓至晚的操作，可是终日没人和她说一句话。新年到了，正赶上政府倡用阳历，不许过旧年。除夕，我请了两小时的假，由拥挤不堪的街市回到清炉冷灶的家中。母亲笑了。及至听说我还须回校，她愣住了。半天，她才叹出一口气来。到我该走的时候，她递给我一些花生，"去吧，小子！"街上是那么热闹，我却什么也没看见，泪遮迷了我的眼。今天，泪又遮住了我的眼，又想起当日孤独的过那凄惨的除夕的慈母。可是慈母不会再候盼着我了，她已入了土！

儿女的生命是不依顺着父母所设下的轨道一掷千金的，所以老人总免不了伤心。我廿三岁，母亲要我结婚，我不要。我请来三姐给我说情，老母含泪点了头。我爱母亲，但是我给了她最大的打击。时代使我成为逆子。廿七岁，我上了英国。为了自己，我给六十多岁的老母以第二次打击。在她七十大寿的那一天，我还远在异域。那天，据姐姐们后来告诉我，老太太只喝了两口酒，很早的便睡下。她想念她的幼子，而不便说出来。

七七抗战后，我由济南逃出来。北平又像庚子那年似的被鬼子占据了。可是母亲日夜惦念的幼子却跑西南来。母亲怎样想念我，我可以想象得到，可是我不能回去。每逢接到家信，我总不敢马上拆看，我怕，怕，怕，怕有那不详的消息。人，即使活到八九十岁，有母亲便可以多少还有点孩子气，失了慈母便像花插在瓶子里，虽然还有色有香，却失去了根。有母亲的人，心里是安定的。我怕，怕，怕家信中带来不好的消息，告诉我已是失了根的花草。

去年一年，我在家信中找不到关于母亲的起居情况。我疑虑，害怕。我想象得到，若不是不幸，家中念我流亡孤苦，或不忍相告。母亲的生日是在九月，我在八月半写去祝寿的信，算计着会在寿日之前到达。信中嘱咐千万把寿日的详情写来，使我不再疑虑。十二月二十六日，由文化劳军的大会上回来，我接到家信。我不敢拆读。就寝前，我拆开信，母亲已去世一年了！

生命是母亲给我的。我之能长大成人，是母亲的血汗灌养的。我之能成为一个不十分坏的人，是母亲感化的。我的性格、习惯，是母亲传给的。她一世未曾享过一天福，临死还吃的是粗粮。唉！还说什么呢？心痛！心痛！

第六章　在追忆中体悟生命共鸣

当聆听交响乐时，如果你能产生共鸣，就可以感受乐曲本身传递出的悲喜情绪，聆听者可以展开想象，体会不同的含义，借此疏导情绪或者找到指引前进的力量。生者体悟生命共鸣的过程与此类似，追忆逝者，体味悲喜，满怀思念，吁叹伤悲，追悔过往。

本章在结构上从三个维度阐释，即生命参与者的悲与欢、生者的遗憾与不舍、逝者的遗志与生者的继承。从选文看，涉及遗书、自序，纪念短文，逝者虽已往生，但生者往往会睹物思人，“物是人非事事休，欲语泪先流”“人有悲欢离合，月有阴晴圆缺，此事古难全。”在追忆上体悟悲欢，结合不同的人生境遇，逝者带给生者的悲欢体验不一样，悲欢可以形式各异，但内在的爱不变。生者在追忆中满怀不舍，遗憾逝者不能继续陪伴与同行。生者往往通过纪念文的方式表达情感。有的逝者会留下遗志，表达对家族或者家国的遗愿、个人的遗憾，如果逝者留有遗志，生者往往化悲愤为力量，尽全力实现。

一、生命参与者的悲与欢

亲人之间长期的共同生活，形成了荣辱与共、休戚相关的生命共同体。当亲人逝去后，生者在怀念死去的亲人时，往往会把亲人生前的悲与喜融入到自身的情感体验中，以亲人的悲为悲，以亲人的喜为喜。

胡适的母亲冯顺弟，从23岁守寡，历尽23年的寡居艰辛后，在1918年11月离开了人世。胡适于1930年写下《我的母亲》一文以为纪念。

揣摩此文，母亲的悲，在于母亲“23岁做了寡妇，又是当家的后母”。作者回忆“家中经济本不宽裕，全靠二哥在上海经营调度。大哥从小就是败子，吸鸦片烟，赌博”，母亲还要作为“后母后婆”隐忍作者的“最无能而又最不懂事”的大嫂和“很能干而气量很窄小”二嫂。作者直言“这种生活的痛苦，我的笨笔写不出万分之一二”。

母亲的喜当然在于对作者给予的希望，那就是好好读书将来成为他父亲那样的人，“你总要踏上你老子的脚步。我一生只晓得这一个完全的人，你要学他，不要跌他的股（丢他的脸）。”所以母亲宁可自己遭受困窘，也要供作者读书，“处心积虑”地把他当作读书种子培养，以至于把幼年时期的作者塑造成了一个“文绉绉的”“先生样子”。

母亲的悲与喜，做儿子的感同身受。母亲的一生对作者产生了“极大极深的影响。”作者也对母亲满怀感激，“如果我学得了一丝一毫的好脾气，如果我学得了一点点待人接物的和气，如果我能宽恕人，体谅人——我都得感谢我的慈母。”

胡适《我的母亲》

我小时身体弱，不能跟着野蛮的孩子们一块儿玩。我母亲也不准我和他们乱跑乱跳。小时不曾养成活泼游戏的习惯，无论在什么地方，我总是文绉绉的。所以家乡老辈都说我“像个先生样子”，遂叫我做“穈先生”。这个绰号叫出去之后，人都知道三先生的小儿子叫做穈先生了，既有“先生”之名，我不能不装出点“先生”样子，更不能跟着顽童们“野”了。有一天，我在我家八字门口和一班孩子“掷铜钱”，一位老辈走过，见了我，笑道：“穈先生也掷铜钱吗？”我听了羞愧得面红耳热，觉得太失了“先生”的身份！

大人们鼓励我装先生样子，我也没有嬉戏的能力和习惯，又因为我确是喜欢看书，所以我一生可算是不曾享过儿童游戏的生活。每年秋天，我的庶祖母同我到田里去“监割”（顶好的田，水旱无忧，收成最好，佃户每约田主来监割，打下谷子，两家平分），我总是坐在小树下看小说。十一二岁时，我稍活泼一点，居然和一群同学组织了一个戏剧班，做了一些木刀竹枪，借得了几副假胡须，就在村口田里做戏。我做的往往是诸葛亮、刘备一类的文角儿；只有一次我做史文恭，被花荣一箭从椅子上射倒下去，这算是我最活泼的玩艺儿了。

我在这九年（1895—1904）之中，只学得了读书写字两件事。在文字和思想（看文章）的方面，不能不算是打了一点儿底子。但别的方面都没有发展的机会。有一次我们村里“当朋”（八都凡五村，称为“五朋”，每年一村轮着做太子会，名为“当朋”），筹备太子会，有人提议要派我加入前村的昆腔队学习吹笙或吹笛。族里长辈反对，说我年纪太小，不能跟着“太子会”走遍“五朋”。于是我便失掉了这学习音乐的唯一机会。三十年来，我不曾拿过乐器，也全不懂音乐；究竟我有没有一点学音乐的天资，我至今还不知道。至于学图画，更是不可能的事。我常常用竹纸蒙在小说书的石印绘像上，摹画书上的英雄美人。有一天，被先生看见了，挨了一顿大骂，抽屉里的图画都被搜出撕毁了，于是我又失掉了学做画家的机会。

但这九年的生活，除了读书看书之外，究竟给了我一点儿做人的训练。在这一点上，我的恩师就是我的慈母。

每天天刚亮时，我母亲就把我喊醒，叫我披衣坐起。我从不知道她醒来坐了多久了。她看我清醒了，才对我说昨天我做错了什么事，说错了什么话，要我认错，要我用功读书。有时候她对我说父亲的种种好处，她说：“你总要踏上你老子的脚步。我一生只晓得这一个完全的人，你要学他，不要跌他的股。（跌股便是丢脸、出丑。）”她说到伤心处，往往掉下泪来。到天大明时，她才把我的衣服穿好，催我去上早学。学堂门上的锁匙放在先生家里；我先到学堂门口一望，便跑到先生家里去敲门。先生家里有人把锁匙从门缝里递出来，我拿了跑回去，开了门，坐下念生书。十天之中，总有八九天我是第一个去开学堂门的。等到先生来了，我背了生书，才回家吃早饭。

我母亲管束我最严，她是慈母兼严父。但她从来不在别人面前骂我一句，打我一下。我做错了事，她只对我一望，我看见了她的严厉眼光，就吓住了。犯的事小，她等到第二天早晨我睡醒时才教训我。犯的事大，她等到晚上人静时，关了房门，先责备我，然后行罚，或罚跪，或拧我的肉，无论怎样重罚，总不许我哭出声音来。她教训儿子不是借此出气叫别人听的。

有一个初秋的傍晚，我吃了晚饭，在门口玩，身上只穿着一件单背心。这时候我母亲的妹子玉英姨母在我家住，她怕我冷了，拿了一件小衫出来叫我穿上。我不肯穿，她说："穿上吧，凉了。"我随口回答："娘（凉）什么！老子都不老子呀。"我刚说了这句话，一抬头，看见母亲从家里走出，我赶快把小衫穿上。但她已听见这句轻薄的话了。晚上人静后，她罚我跪下，重重的责罚了一顿。她说："你没了老子，是多么得意的事！好用来说嘴！"她气得坐着发抖，也不许我上床去睡。我跪着哭，用手擦眼泪，不知擦进了什么微菌，后来足足害了一年多的眼翳病。医来医去，总医不好。我母亲心里又悔又急，听说眼翳可以用舌头舔去，有一夜她把我叫醒，她真用舌头舔我的病眼。这是我的严师，我的慈母。

我母亲23岁做了寡妇，又是当家的后母。这种生活的痛苦，我的笨笔写不出万分之一二。家中经济本不宽裕，全靠二哥在上海经营调度。大哥从小就是败子，吸鸦片烟，赌博，钱到手就光，光了就回家打主意，见了香炉就拿出去卖，捞着锡茶壶就拿出去押。我母亲几次邀了本家长辈来，给他定下每月用费的数目。但他总不够用，到处都欠下烟债赌债。每年除夕我家中总有一大群讨债的，每人一盏灯笼，坐在大厅上不肯去。大哥早已避出去了。大厅的两排椅子上满满的都是灯笼和债主。我母亲走进走出，料理年夜饭、谢灶神、压岁钱等事，只当作不曾看见这一群人。到了近半夜，快要"封门"了，我母亲才走后门出去，央一位邻舍本家到我家来，每一家债户开发一点钱。作好作歹的，这一群讨债的才一个一个提着灯笼走出去。一会儿，大哥敲门回来了。我母亲从不骂他一句。并且因为是新年，她脸上从不露出一点怒色。这样的过年，我过了六七次。

大嫂是个最无能而又最不懂事的人，二嫂是个很能干而气量很窄小的人。她们常常闹意见，只因为我母亲的和气榜样，她们还不曾有公然相打相骂的事。她们闹气时，只是不说话，不答话，把脸放下来，叫人难看；二嫂生气时，脸色变青，更是怕人。她们对我母亲闹气时，也是如此。我起初全不懂得这一套，后来也渐渐懂得看人的脸色了。我渐渐明白，世间最厌恶的事莫如一张生气的脸；世间最下流的事莫如把生气的脸摆给旁人看，这比打骂更难受。

我母亲的气量大，性子好，又因为做了后母后婆，她更事事留心，事事格外容忍。大哥的女儿比我只小一岁，她的饮食衣料总是和我的一样。我和她有小争执，总是我吃亏，母亲总是责备我，要我事事让她。后来大嫂、二嫂都生了儿子了，她们生气时便打骂孩子来出气，一面打，一面用尖刻有刺的话骂给别人听。我母亲只装做没听见。有时候，她实在忍不住了，便悄悄走出门去，或到左邻立大嫂家去坐一会，或走后门到后邻度嫂家去闲谈。她从不和两个嫂子吵一句嘴。

每个嫂子一生气，往往十天半个月不歇，天天走进走出，板着脸，咬着嘴，打骂小孩子出气。我母亲只忍耐着，忍到实在不可再忍的一天，她也有她的法子。这一天的天明时，她就不起床，轻轻地哭一场。她不骂一个人，只哭她的丈夫，哭她自己命苦，留不住她丈夫来照管她。她刚哭时，声音很低，渐渐哭出声来。我醒了起来劝她，她不肯住。这时候，我总听得见前堂（二嫂住前堂东房）或后堂（大嫂住后堂西房）有一扇门开了，一个嫂子走出房向厨房走去。不多一会儿，那位嫂子来敲我们的房门了。我开了房门，她走进来，捧着一碗热茶。我母亲慢慢止住哭声，伸手接了茶碗。那位嫂子站着劝一会儿，才退出去，没有一句话提到什么人，也没有一个字提到这十天半个月来的气脸，然而各人心里明白，泡茶进来的嫂子总是那十天半个月来闹气的人，奇怪得很，这一哭之后，至少有一两个月的太平清净日子。

我母亲待人最仁慈，最温和，从来没有一句伤人感情的话。但她有时候也很有刚气，不受一点人格上的侮辱。我家五叔是个无正业的浪人，有一天在烟馆里发牢骚，说我母亲家中有事总请某人帮忙，大概总有什么好处给他。这句话传到了我母亲耳朵里，她气得大哭，请了几位本家来，把五叔喊来，她当面质问他她给了某人什么好处。直到五叔当众认错赔罪，她才罢休。

我在我母亲的教训之下度过了少年时代，受了她的极大极深的影响。我14岁（其实只有12岁零两三个月）就离开她了。在这广漠的人海里独自混了二十多年，没有一个人管束过我。如果我学得了一丝一毫的好脾气，如果我学得了一点点待人接物的和气，如果我能宽恕人、体谅人——我都得感谢我的慈母。

二、生者的遗憾与不舍

人是智慧动物，习惯对已经过去的事情进行复盘推演，常常用“假设……那么……”这样的句式和逻辑表达自己对过往发生的事情的遗憾之情。然而记忆可以回溯，时光却不会停留，我们的生活不能“假设”，往事已矣，留下来的只有遗憾与悔恨。我们认为亲人这般如此地离去是“不应该”的，这种事情是完全有条件避免的，可是它却真实地发生了，变成了无法改变的铁一般的事实。于是，我们就把这种遗憾的逻辑汇入情感之中，对逝者充满深深的不舍之情。血脉相连的生命共鸣又让这种遗憾与不舍变得更加强烈。

彼得是徐志摩早夭的儿子，徐志摩作《我的彼得》一文，就是为了纪念他。作者在文中表达了对夭折儿子的遗憾和不舍。作者偶然遇到一个八九岁的小孩就不由得联想到了彼得。对彼得的夭亡徐志摩满怀遗憾，接着作者又对自己展开了灵魂拷问：“为什么我不能在你的生前，日子虽短，给你应得的慈爱，为什么要到这时候，你已经去了不再回来，我才觉着骨肉的关连？”作者的遗憾甚至到了“我不能怨，我不能恨，更无从悔，我只是怅惘，我只能问！”的程度，而“我问为什么，这问的后身便是无限的隐痛”。然而，彼得终究是离开了，作者只好把遗憾化作深沉的不舍之情：“没福见着你的父亲，知道你，认识你，爱你，也把你的影像、活泼、美慧、可爱，永远镂上了我的心版。”这种不舍与怀念，令读者产生出强烈的共鸣。

公元220年曹操病逝，长子曹丕在父亲下葬后不久作《短歌行》抒发思亲之情。他首先是睹物思人，然而物是人非，一想到父亲去世后自己失去了依恃，就忍不住“泣涕涟涟”，作者偶然看见动物之间的亲情之乐，便能激发自己失去父亲以后孤独无依的悲哀，“我独孤茕，怀此百离。忧心孔疚，莫我能知”，他对父亲的思念如此的深沉，以至于华发早生，“嗟我白发，生一何早”，由此可见作者对父亲的不舍之情，最后表达的是对父亲早亡的深深遗憾，“曰仁者寿，胡不是保？”

1.（魏晋）曹丕《短歌行》

仰瞻帷幕，俯察几筵。
其物如故，其人不存。
神灵倏忽，弃我遐迁。
靡瞻靡恃，泣涕连连。
呦呦游鹿，草草鸣麑。
翩翩飞鸟，挟子巢枝。
我独孤茕，怀此百离。
忧心孔疚，莫我能知。
人亦有言，忧令人老。
嗟我白发，生一何早。
长吟永叹，怀我圣考。
曰仁者寿，胡不是保。

译文：

抬头望这帷幕，低头看着几筵。
东西还是原来样，亲人却已不在人间。
他的魂魄是这样匆忙，把我丢下，弃我于人间。
我无依无靠不见亲人面，止不住两眼泪涟涟。

走着的母鹿叫声不停，衔得苹草把小鹿呼唤。

翩翩的飞鸟啊，带着小鸟飞回巢边。

只有我孤苦伶仃，满怀悲苦痛难言。

内心忧愁的及其痛苦，没有人能够知道我的悲伤。

古人有过这样的话，“忧愁会使人衰老”。

可怜我的白发，生得多么早！

长歌复长叹，把父亲深深怀念。

古语说“仁德的人可以长寿”，为什么我的父亲不长寿百年？

2.徐志摩《我的彼得》（节选）

彼得，可爱的小彼得，我“算是”你的父亲，但想起我做父亲的往迹，我心头便涌起了不少的感想；我的话你是永远听不着了，但我想借这悼念你的机会，稍稍疏泄我的积愫，在这不自然的世界上，与我境遇相似或更不如的当不在少数，因此我想说的话或许还有人听，竟许有人同情。就是你妈，彼得，她也何尝有一天接近过快乐与幸福，但她在她同样不幸的境遇中证明她的智断，她的忍耐，尤其是她的勇敢与胆量；所以至少她，我敢相信，可以懂得我话里意味的深浅，也只有她，我敢说，最有资格指证或相诠释——在她有机会时——我的情感的真际。

但我的情愫！是怨，是恨，是忏悔，是怅惘？对着这不完全、不如意的人生，谁没有怨，谁没有恨，谁没有怅惘？除了天生颟顸的，谁不曾在他生命的经途中——歌德说的——和着悲哀吞他的饭，谁不曾拥着半夜的孤衾饮泣？我们应得感谢上苍的是他不可度量的心裁，不但在生物的境界中他创造了不可计数的种类，就这悲哀的人生也是因人差异，各各不同，——同是一个碎心，却没有同样的碎痕，同是一滴眼泪，却难寻同样的泪晶。

彼得我爱，我说过我是你的父亲。但我最后见你的时候你才不满四月，这次我再来欧洲你已经早一个星期回去，我见着的只你的遗像，那太可爱，与你一撮的遗灰，那太可惨。你生前日常把弄的玩具——小车、小马、小鹅、小琴、小书，你妈曾经件件的指给我看，你在时穿着的衣、袢、鞋、帽，你妈与你大大也曾含着眼泪从箱里理出来给我抚摩，同时她们讲你生前的故事，直到你的影像活现在我的眼前，你的脚踪仿佛在楼板上踹响。你是不认识你父亲的，彼得，虽则我听说他的名字常在你的口边，他的肖像也常受你小口的亲吻，多谢你妈与你大大的慈爱与真挚，她们不仅永远把你放在她们心坎的底里，她们也使我——没福见着你的父亲，知道你，认识你，爱你，也把你的影像、活泼、美慧、可爱，永远镂上了我的心版。

那天在柏林的会馆里，我手捧着那收存你遗灰的锡瓶，你妈与你七舅站在旁边止不住滴泪，你的大大哽咽着，把一个小花圈挂上你的门前——那时间我，你的父亲，觉着心里有一个尖锐的刺痛，这才初次明白曾经有一点血肉从我自己的生命里分出，这才觉着父性的爱像泉眼似的在性灵里汩汩的流出；只可惜是迟了，这慈爱的甘液不能救活已经萎折了的鲜花，只能在他纪念日的周遭永远无声的流转。

彼得，我说我要借这机会稍稍爬梳我年来的郁积；但那也不见得容易；要说的话仿佛就在口边，但你要它们的时候，它们又不在口边：像是长在大块岩石底下的嫩草，你得有力量翻起那岩石才能把它不伤损的连根起出——谁知道那根长的多深！

是恨，是怨，是忏悔，是怅惘？许是恨，许是怨，许是忏悔，许是怅惘。荆棘刺入了行路人的胫踝，他才知道这路的难走；但为什么有荆棘？是它们自己长着，还是有人存心种着的？也许是你自己种下的？至少你不能完全抱怨荆棘：一则因为这道是你自愿才来走的；再则因为那刺伤是你自己的脚踏上子荆棘的结果，不是荆棘自动来刺你。——但又谁知道？因此我有时想，彼得像你倒真是聪明：你来时是一团活泼，光亮的天真，你去时也还是一个光亮，活泼的灵魂；你来人间真像是短期的作客，你知道的是慈母的爱，阳光的和暖与花草的美丽，你离开了妈的怀抱，你回到了天父的怀抱，我想他听你欣欣的回报这番作客——

只尝甜浆，不吞苦水——的经验，他上年纪的脸上一定满布着笑容——你的小脚踝上不曾碰着过无情的荆棘，你穿来的白衣不曾沾着一斑的泥污。

但我们，比你住久的，彼得，却不是来作客；我们是遭放逐，无形的解差永远在后背催逼着我们赶道：为什么受罪，前途是哪里，我们始终不曾明白，我们明白的只是底下流血的胫踝，只是这无恩的长路，这时候想回头已经太迟，想中止也不可能，我们真的羡慕，彼得，像你那谪期的简净。

在这道上遭受的，彼得，还不止是难，不止是苦，最难堪的是逐步相追的嘲讽，身影似的不可解脱。我既是你的父亲，彼得，比方说，为什么我不能在你的生前，日子虽短，给你应得的慈爱，为什么要到这时候，你已经去了不再回来，我才觉着骨肉的关连？并且假如我这番不到欧洲，假如我在万里外接到你的死耗，我怕我只能看作水面上的云影，来时自来，去时自去：正如你生前我不知欣喜，你在时我不知爱惜，你去时也不能过分动我的情感。我自分不是无情，不是寡恩，为什么我对自身的血肉，反是这般不近情的冷漠？彼得，我问为什么，这问的后身便是无限的隐痛；我不能怨，我不能恨，更无从悔，我只是怅惘，我只能问！明知是自苦的揶揄，但我只能忍受。

……

——原刊《自剖文集》，新月书店1928年1月初版

三、逝者的遗志与生者的继承

遗志与继承是联系逝者与生者，产生共鸣的一种方式。遗志是逝者对生者的挂念与期盼，继承是生者对逝者的思念与敬意。逝者的遗志或表达自己的遗憾、愧疚的情感，或表达自己的期盼，希望子孙为了家国，继续完成未竟的志业等。而生者的继承往往是表达自己的决心，要意志坚强地努力继承逝者的志业，请逝者安心。

本节选取的两篇文献均从不同维度展现了这种遗志与继承。《赵一曼

写给宁儿》是抗日女英雄赵一曼在慷慨就义前写给儿子的遗书，既表达了未能教育儿子长大成人的遗憾，也述说死因，希望儿子长大后能理解母亲，为母亲自豪，牢记爱国之志。《太史公自序》既是《史记》的自序，也是司马迁的自传，表达了他继承父亲遗志，希望出人头地，光宗耀祖的想法。

1.赵一曼写给宁儿

宁儿：

母亲对于你没有尽到教育的责任，实在是遗憾的事情。母亲因为坚决地做了反满抗日的斗争，今天已经到了牺牲的前夕了。母亲和你在生前永远没有再见的机会了。希望你，宁儿啊！赶快成人，来安慰你地下的母亲！我最亲爱的孩子啊！母亲不用千言万语来教育你，就用实行来教育你。在你长大成人之后，希望不要忘记你的母亲是为国而牺牲的！

你的母亲赵一曼于车中

2.（汉）司马迁《太史公自序》

太史公既掌天官，不治民。有子曰迁。

迁生龙门，耕牧河山之阳。年十岁则诵古文。二十而南游江、淮，上会稽，探禹穴，窥九疑，浮于沅、湘；北涉汶、泗，讲业齐、鲁之都，观孔子之遗风，乡射邹、峄；戹困鄱、薛、彭城，过梁、楚以归。于是迁仕为郎中，奉使西征巴、蜀以南，南略邛、笮、昆明，还报命。

是岁天子始建汉家之封，而太史公留滞周南，不得与从事，故发愤且卒。而子迁适使反，见父于河洛之间。太史公执迁手而泣曰："余先周室之太史也。自上世尝显功名于虞夏，典天官事。后世中衰，绝于予乎？汝复为太史，则续吾祖矣。今天子接千岁之统，封泰山，而余不得从行，是命也夫，命也夫！余死，汝必为太史；为太史，无忘吾所欲论著矣。且夫孝始于事亲，中于事君，终于立身。扬名于后世，以显父母，此孝之大者。夫天下称诵周公，言其能论歌文武之德，宣周邵之风，达太王王季之思虑，爰及公刘，以尊后稷也。幽厉之后，王道缺，礼乐衰，孔子脩旧起废，论诗书，作春秋，则学者至今则之。自获麟以来四百有余岁，而诸侯相兼，史记放绝。今汉兴，海内一统，明主贤君忠臣死义之士，余为太史而弗论载，废天下之史文，余甚惧焉，汝其念哉！”迁俯首流涕曰：“小子不敏，请悉论先人所次旧闻，弗敢阙。”

卒三岁而迁为太史令，紬史记石室金匮之书。五年而当太初元年，十一月甲子朔旦冬至，天历始改，建于明堂，诸神受纪。

太史公曰：“先人有言：‘自周公卒五百岁而有孔子。孔子卒后至于今五百岁，有能绍明世、正《易传》，继《春秋》、本《诗》、《书》、《礼》、《乐》之际？’”意在斯乎！意在斯乎！小子何敢让焉！

上大夫壶遂曰：“昔孔子何为而作《春秋》哉”？太史公曰：“余闻董生曰：‘周道衰废，孔子为鲁司寇，诸侯害之，大夫雍之。孔子知言之不用，道之不行也，是非二百四十二年之中，以为天下仪表，贬天子，退诸侯，讨大夫，以达王事而已矣。’子曰：‘我欲载之空言，不如见之于行事之深切著明也。’夫《春秋》，上明三王之道，下辨人事之纪，别嫌疑，明是非，定犹豫，善善恶恶，贤贤贱不肖，存亡国，继绝世，补敝起废，王道之大者也。《易》著天地、阴阳、四时、五行，故长于变；《礼》经纪人伦，故长于行；《书》记先王之事，故长于政；《诗》记山川、溪谷、禽兽、草木、牝牡、雌雄，故长于风；《乐》乐所以立，故长于和；《春秋》辨是非，故长于治人。是故《礼》以节人，《乐》以发和，《书》以道事，《诗》以达意，《易》以道化，《春秋》以道义。拨乱世反之正，莫近于《春秋》。《春秋》文成数万，其指数千。万物之散聚皆在《春秋》。《春秋》之中，弑君三十六，亡国五十二，诸侯奔走不得保其社稷者不可胜数。察其所以，皆失其本已。故《易》曰‘失之毫厘，差之千里。’故曰‘臣弑君，子弑父，非一旦一夕之故也，其渐久矣’。故有国者不可以不知《春秋》，前有谗而弗见，后有贼而不知。为人臣者不可以不知《春秋》，守经事而不知其宜，遭变事而不知其权。为人君父而不通于《春秋》之义者，必蒙首恶之名。为人臣子而不通于《春秋》之义者，必陷篡弑之诛，死罪之名。其实皆以为善，为之不知其义，被之空言而不敢辞。夫不通礼义之旨，至于君不君，臣不臣，父不父，子不子。夫君不君则犯，臣不臣则诛，父不父则无道，子不子则不孝。此四行者，天下之大过也。以天下之大过予之，则受而弗敢辞。故《春秋》者，礼义之大宗也。夫礼禁未然之前，法施已然之后；法之所为用者易见，而礼之所为禁者难知。”

壶遂曰：“孔子之时，上无明君，下不得任用，故作《春秋》，垂空文以断礼义，当一王之法。今夫子上遇明天子，下得守职，万事既具，咸各序其宜，夫子所论，欲以何明？”

太史公曰：“唯唯，否否，不然。余闻之先人曰：‘伏羲至纯厚，作《易》八卦。尧舜之盛，《尚书》载之，礼乐作焉。汤武之隆，诗人歌之。《春秋》采善贬恶，推三代之德，褒周室，非独刺讥而已也。’汉兴以来，至明天子，获符瑞，封禅，改正朔，易服色，受命于穆清，泽流罔极，海外殊俗，重译款塞，请来献见者不可胜道。臣下百官力诵圣德，犹不能宣尽其意。且士贤能而不用，有国者之耻；主上明圣而德不布闻，有司之过也。且余尝掌其官，废明圣盛德不载，灭功臣世家贤大夫之业不述，堕先人所言，罪莫大焉。余所谓述故事，整齐其世传，非所谓作也，而君比之于《春秋》，谬矣。”

于是论次其文。七年而太史公遭李陵之祸，幽于缧绁。乃喟然而叹曰：“是余之罪也夫。是余之罪也夫！身毁不用矣！”退而深惟曰：“夫《诗》《书》隐约者，欲遂其志之思也。昔西伯拘羑里，演《周易》；孔子厄陈、蔡，作《春秋》；屈原放逐，著《离骚》；左丘失明，厥有《国语》；孙子膑脚，而论兵法；不韦迁蜀，世传《吕览》；韩非囚秦，《说难》《孤愤》；《诗》三百篇，大抵贤圣发愤之所为作也。此人皆意有所郁结，不得通其道也，故述往事，思来者。”于是卒述陶唐以来，至于麟止，自黄帝始。

第七章　在追忆中实现“生死两安”

生与死犹如一枚硬币的两面，都是生命的天然属性，它们相互对立又彼此依存。理解生命，追求生命质量，向往美好生活固然需要不断探索“生”的品质，却也不能忽略对“死”的思考。如何面对亲人的死亡，让死者和生者都在死亡面前保持必要的清醒和体面，是对个体生命的严峻考验。

我们可以从中国传统文化中汲取相关智慧。儒家有“君子俟命”之说。所谓命就是不以人的意志为转移的规律性，所谓俟命，就是不怨天尤人，“听天任命也”，可以理解为要求人们按客观规律办事。“君子俟命”反映在生死观上就是王夫之的“安生安死”的理念。王夫之认为，君子应该明白生命的自然本性，人之“生”是必然，而人之“死”也是必然。而“君子俟命”，就是要求君子在对待生死问题上要达到“安生安死”的境界，明白“死生有命”的道理，生死都是事势所至，人力不可强加的自然规律，因而在面对死亡时君子理应怀抱顺任生死自然的理性态度，从而看淡生死，在死亡面前做到理得心安。

的确，我们必须承认和接受生命总要遭遇衰老、疾病和死亡的现实，看似偶然的事件背后是生命必然逻辑的展开。死亡与我们相伴相随，是生命不可分割的一部分，也是生命无法逃脱的必然结局。人的一生不可避免地要面对亲人乃至自己的死亡，人生本来就是一段奔向死亡的旅程，回避或忌讳死亡无助于消除死亡恐惧，更不可能完成对死亡的超越。直面死亡，坦然接受死亡，才有可能让逝者更安息、生者更踏实，才有可能让生活变得更美好，最终实现“生死两相安”的目标。

“生死两安”，顾名思义包含“安死”与“安生”两个方面。

“安死”就是学会理解并接受每一个生命体都难逃一死的“命中注定”。要做好这种心理上的准备的主体包括处于生命末期的人及其亲属。能否实现“安死”，与濒死者的人生经历、心理和观念都有关联，也与亲人的“安宁照顾”分不开。在这里，“安死”的目标是清晰的，那就是让死者在生命的最后阶段顺应生命规律，在身心安宁的状态中平静地接受死亡的到来。

“安生”是对死者的亲人而言的。亲人的离去必然会对生者造成巨大的全方位的冲击，甚至改变他们的世界观、人生观和价值观。如果生者沉溺于亲人死亡带来的社会关系、经济条件、精神依赖等方面有所损失的负面情绪体验之中，那么，作为亲人的死者“在九泉之下也不得瞑目”了，谈何灵魂的安息？所以，逝者已矣，来者可追，生者最好的纪念是努力追求更好的人生品质，实现更高的人生价值，让自己的生命圆满充实，让亲人能“含笑九泉”。

本章以“死得坦然”和“活得安宁”为目梳理选文。

一、死得坦然

生死之间有大恐怖。理解死亡的必然性并不意味着能够必然消除对死亡的恐惧和抗拒。死亡来临之时，能不能跨越恐怖从容审视生命，坦然面对死亡需要彰显人的大智慧和大勇气，更重要的是这种智慧和勇气关乎一个人的生命品质。顺应生死规律，欣然接受不可逆转的死亡，无有遗憾，了无牵挂，生命复归自然，灵魂得以安息；而恐惧死亡、抗拒死亡终归无法超脱生死自然的基本规律，却空留遗恨，死不瞑目。相同的死亡，不同的状态，映照出不同的生命品质，也给后人留下不同的生命遗产。

本节选文均由志愿者提供。在《死神面前的母亲》一文中，作者说，母亲是“一个平凡的家庭主妇，但她面对死神的态度和勇气在我心中树立了一座丰碑，她的坦然与从容给我留下了不可磨灭的印象。”作者母亲对自己即将到来的死亡“早有预感，只是为了避免让我们多操心，她一直装糊涂罢了。”母亲还安慰作者：“人总是要死的，迟早的事。还要我们放心，早就知道结局的事情，不算打击。”作者认为母亲直面死亡的态度，“让母亲在最后的时光里获得了安宁，在减轻了家人痛苦的同时，也增添了我们对她的敬重。”显然，在作者的心目中，母亲顺任生死自然的智慧是逝者安息、生者安宁的关键。

《父亲五周年祭》一文回顾了父亲在生命的最后几年里与癌症争斗的经历和苦难，对父亲在这个过程中表现出的勇敢以及对死亡的豁达、坦然的态度高度赞赏。作者以父亲为傲，因为“父亲一直把死亡当作是生命的难以分割的一部分。”作者认为这种“看谈生死的智慧和直面病痛与死亡的勇敢”使得父亲在面对死亡的考验时，生命品质得以升华，并给作者留下宝贵的精神遗产。

1.死神面前的母亲①

我的母亲是一个平凡的家庭主妇，但她面对死神的态度和勇气在我心中树立了一座丰碑，她的坦然与从容给我留下了不可磨灭的印象。

2016年3月，63岁的母亲被确诊为肺癌晚期，医院提醒家属，按照母亲的病情，她剩下的时间大约为半年。手术对于极其虚弱的母亲不再是选项，对症的药物治疗可以在一定程度上改善母亲最后日子的生存质量。父亲得知这个结果后，号啕大哭，情绪几近崩溃。我们兄妹三人震惊悲伤之余，产生的第一个想法就是要隐瞒母亲。我们告诉母亲，她是有点严重的慢性肺病，须抓紧治疗。母亲听闻之后，若有所思，表情波澜不惊，看不出什么异常。

两个多月后，母亲在一次晚餐后，和父亲与我们兄妹三人聊天。那天所谈的内容，在我看来，是母亲在交代后事。她首先说家里前几年新建的房子，老大给了多少钱，老二出了什么力，让父亲记住，别老糊涂了。再就说，老三远嫁他乡，经济条件不是太好，老大、老二有能力的

① 来源：志愿者提供。

话，尽量帮衬，别让最小的妹妹过得太苦。三是劝诫父亲以后要少喝酒，尤其少喝白酒，年纪大了白酒伤身，多喝酒就是多给孩子们添麻烦。又说，屋后的那棵桑树还是别砍了，春夏时节嫩绿的桑叶洗净了打鸡蛋汤喝，对小孩子的身体还是有些好处的。说这些话的时候，母亲面带微笑，语气平缓时，就像平时的拉家常，而我们几个听的人，心中却是波澜起伏。我们知道，母亲做好了迎接死神的准备。

七月初，我们抱着一丝侥幸的心理，辗转省城、广州几家医院，希望能为母亲谋得一线生机，但是结果都与最初的确诊没有太大的差别。我记得在广州的华侨医院，经过一整套的检查诊疗程序后，我们请托的专家单独对父亲说，医学治疗已经失去意义了，与其再花冤枉钱折腾母亲，不如看看母亲还有什么未了结的心愿，尽量满足病人的要求，不要让母亲带着遗憾走。

我和父亲商量了一下，决定把病情如实告知母亲。并劝慰说，有些跟她一般的病例，也有存活了很多年的。母亲听完后，依旧很平静，略显疲惫地笑了一笑，说自己的身体状况自己最清楚，她其实早有预感，只是为了避免让我们多操心，她一直装糊涂罢了。她还说，人总是要死的，迟早的事。还要我们放心，早就知道结局的事情，不算打击。母亲又说，她最大的心愿就是希望父亲和我们几个孩子都能好好的，如果能这样她死而无憾。

从那以后，母亲总是以惊人的毅力，保持乐观的情绪，也想方设法接受来自父亲和我们兄妹的各种好意，如尽量维持一个好的胃口，努力不把病痛带来的痛苦完全表现出来等等。她跟我说，我可不能让外人一眼看出我是一个将死的人。我赶忙说，快别说这些了，一切都会慢慢好起来的，并把全家去海南过春节的想法跟她说了。母亲笑着对我说，我知道我的身体情况，我估计坚持不到今天春节了，怕是去不了了，你们代我去也是一样的，你们高兴我就开心。

九月份，母亲看着客厅里舅舅给家里送来了的自家产的新米和花生，感慨地说：我真幸运，我还能吃上今年的新米和花生。

十月份，母亲的病情急转直下，癌细胞转移至脑部，肿瘤压迫神经，导致手脚僵化，失去基本的生活自理能力。一个多星期后，语言能力也逐渐被抑制，发展到说话只能一个字一个字地往外吐，表达变得越来越困难。母亲知道，死神留给她的时间不多了，但她的眼神依然透着从容与镇静——她做好了拥抱死神的全部准备。她示意父亲展开为她准备的寿衣，艰难地问“漂不漂亮？”，父亲泪流满面地说，你无论穿什么始终都是我心里最漂亮的女神。

十一月二日，母亲与病魔抗争了半年多，还是被死神带走了。走得很平静，就像睡着了一般，看不到一丝丝的挣扎与苦痛。

母亲对待死亡坦然而又乐观的精神，让她和家人度过了弥足珍贵的最后时光。母亲对待死神的态度，让母亲在最后的时光里获得了安宁，在减轻了家人痛苦的同时，也增添了我们对她的敬重。

安息吧，母亲！

2. 父亲五周年祭[①]

人到中年以后，时间的流逝进入加速度模式，一年一年过得飞快，一转眼，父亲已经离开五年了。五年来，我常常会想起父亲生前的一些点点滴滴，尤其是父亲患病治疗的那一段时光。

父亲年轻的时候身体素质很好，印象中很少有生病就医的经历。我也从来没有把疾病和死亡这些词汇与父亲的生活联想在一起，仿佛那些都是别人的事情。然而，病魔的打击让人猝不及防，它好像是从天而降，突然间就闯入了我父亲的生活。那一年父亲未满六十，尚未到花甲之年，就被查出罹患恶性肿瘤。得悉这个不幸消息时，我们一家人都不敢相信，经过几个大医院的检查诊断，最后接受了这一命运的安排。我父亲本人也经历了从抗拒到恐惧，再到绝望和接受面对的心理过程。

父亲在与病魔相伴的几年里，最难忘的是父亲面对病痛和死亡的勇

① 来源：志愿者提供。

气与豁达。

面对不治之症，很少人可以做轻松自如，智珠在握。父亲只是一个普通人，只能被动地听从医生的安排，住院、手术、服药、放疗、化疗……看完西医看中医，上过北京，下过广州，每看一个医生都抱着一个希望，而接受每一个治疗方案都像是一场赌博，压上的都是父亲的健康乃至生命，这对父亲来说需要极大的有勇气。医生的分析，亲人的鼓励，固然能够产生一定的积极心理影响，但是“闯关”的却只能是父亲本人，回想一次又一次痛苦的治疗过程，我就对父亲的勇敢感到钦佩。

父亲辗转各地，经常住院，久而久之就对人的生生死死习以为常了。刚开始的时候，目睹病友的相继死亡，父亲还会情绪低落，每一个病友的离去都会联想到自己的死亡，常常担心下一个会不会就轮到自己。后来经历的多了，也就慢慢变得豁达、坦然起来了。每一天的开始都让他倍加珍惜，每一次呼吸都让他感恩生命。父亲常说，我多活一天就多赚一天，我没有理由沮丧。他常常以此鼓励其他的癌症病患乐观地面对疾病和生活。

父亲的日常生活与常人差不多。他坚持有条件的时候早起晨练，跟人学太极，打门球；晚上陪母亲学跳广场舞；做力所能及的家务活；接送孙女上学放学；参加亲友聚会；关注时事和体育新闻……该检查检查，该治疗治疗，什么也不耽搁。期间也安排了几次旅行，其中包括他心心念念的在天安门广场见证升旗仪式。就这样他跟其他退休职工的生活表面上没有两样，乐观、开朗、悠闲成为他晚年生活的基调。

然而，父亲在与死亡的拉锯战中最后还是败下阵来了。他的病情恶化，生命体征的各项指标都严重偏离正常值，医院也下达了病危通知，吩咐家属做好善后事宜。父亲在清醒的时候，再一次表达了他对死亡的态度，他拒绝做进一步的治疗，希望能够平静地离开。我和母亲难抑悲伤，忍不住泪流满面，母亲甚至痛哭失声。父亲却反过来安慰我们，他说他得的是绝症，从确诊的那天开始，哪一天走都不是意外，能够活到今天，已是上天的恩赐，他很知足。他对母亲说，生离死别谁也免不了，他就先走一步了，他会在下面等母亲团聚。他又劝母亲要有耐心，不必着急去见他，他需要时间在新的世界里打好基础，不能让母亲到来的时候一无所有。然后，对我说，我也算是事业有成，家庭幸福了，他对我很放心，相信我能过好自己的人生。因为有我，他也不担心母亲，他知道他走后母亲必然会难过和孤单，但是他相信我一定可以照顾好自己的母亲。最后他长舒一口气说，他可以了无牵挂地走了。

两天后，父亲撒手人寰。一如他所愿，父亲走得很平静，遗容平和安详，甚至隐约透着一种松快。

父亲是一个很平凡的人，一生没做成什么大事，经历也平常得乏善可陈。但我仍然以父亲为骄傲，就因为他看淡生死的智慧和直面病痛与死亡的大无畏精神。在他最后的日子里，父亲一直把死亡当作是生命的难以分割的一部分，他懂得如何与死亡共处，这种智慧和气度值得我学习到老，我也相信这也将成为我面对未来的重要精神力量。

二、活得安宁

死亡不是爱的终结，只有遗忘才是；死亡也不会使亲人的力量消失，只有忽略才会。亲人逝去，生者与死者的现实联系不再存在，但是不等于斩断了他们之间的一切关系。亲人死后并非彻底归于虚无，亲人的音容笑貌、人品才学、为人处世的风格等等犹如一条看不见的精神纽带，藕断丝连，始终连接彼此，这些爱的遗产为生者继续生活下去提供了勇气与力量，成为生者直面困难的宝贵资本。绵延于他们之间的精神力量，是生者开辟更加美好的新生活的重要动力源泉。

蔡元培先生的《祭亡妻黄仲玉》，对妻子在自己出国公干之际去世，自责悔恨不已，“我负汝如此，我虽追悔，其尚可及耶！”然而，逝者已矣，生者能做的足以告慰亡者最恰当的事情，是照顾好她所爱的人，“汝年爱者，老父、老母也，我祝二老永远健康，以副汝之爱。汝所爱者，我也，我当善自保养，尽力于社会，以副汝之爱。汝所爱者，威廉也，柏龄也，现在托庇于汝之爱妹，爱护周至，必不让于汝。我回国以后，必躬自抚养，使得受完全教育，为世界上有价值之人物，有的贡献于世界，以为汝母教之纪念，以副汝之爱。”简单地说，生者好好活着才是对逝去亲人的最好怀念。

《给亡妇》是朱自清写给亡妻武钟谦的纪念文章，文中的谦是作者对亡妻的爱称。朱自清与武钟谦于一九一七年结婚，十二年后武钟谦不幸病逝于扬州家中。在妻子去世三年后写下这篇文章，怀着悲痛的心情回顾了妻子对自己和孩子们所付出的爱，他尽情地抒发了对亡妻的悼念之情。文章说“你的短短的十二年结婚生活，有十一年耗费在孩子们身上；而你一点不厌倦，有多少力量用多少，一直到自己毁灭为止。”妻子把心都扑在孩子身上了，“哪里有一分一毫想着你自己。”“除了孩子，你心里只有我。”作者回忆道：“你虽不是什么阔小姐，可也是自小娇生惯养的，做起主妇来，什么都得干一两手；你居然做下去了，而且高高兴兴地做下去了。”因为对孩子和丈夫的关爱，“这十二年里你为我吃的苦真不少，可是没有过几天好日子。”作者由衷感叹：“在短短的十二年里，你操的心比人家一辈子还多；谦，你那样身子怎么经得住！你将我的责任一股脑儿担负了去，压死了你；我如何对得起你！”斯人已去，如何告慰妻子的在天之灵呢？唯有让这份爱延续下去，努力使死者生前所爱的人一切安好，就是对死者最有诚意的祭奠。作者说：“我们想告诉你，五个孩子都好，我们一定尽心教养他们，让他们对得起死了的母亲——你！谦，好好儿放心安睡吧，你。”

1.蔡元培《祭亡妻黄仲玉》

呜呼！仲玉，竟舍我而先逝耶：自汝与我结婚以来，才二十年，累汝以儿女，累汝以家计，累汝以国内、国外之奔走，累汝以贫困，累汝以忧患，使汝善书、善画、善为美术之天才，竟不能无限发展，而且积劳成疾，以不得尽汝之天年。呜呼！我之负汝何如耶！

我与汝结婚之后，屡与汝别，留青岛三月，留北京译学馆半年，留德意志四年，革命以后，留南京及北京阅月，前年留杭县四月，加以其他短期之旅行，二十年中，与汝欢聚者不过十二三年耳。呜呼！孰意汝舍我如是其速耶！

凡我与汝别，汝往往大病，然不久即愈。我此次往湖南而汝病，我归汝病剧，及汝病渐痊，医生谓不日可以康复，我始敢放胆而为此长期之旅行。岂意我别汝而汝病加剧，以至于死，而我竟不得与汝一诀耶！我将往湖南，汝恐我不及再回北京，先为我料理行装，一切完备。我今所服用者，何一非汝所采购，汝所整理！

处处触目伤心，我其何以堪耶！

汝孝于亲，睦于弟妹，慈于子女。我不知汝临终时，一念及汝死后老父、老母之悲切，弟妹之伤悼，稚女、幼儿之哀痛，汝心其何以堪耶！

汝时时在纷华靡丽之场，内之若上海及北京，外之若柏林及巴黎，我间欲为汝购置稍稍入时之衣饰，偕往普通之场所，而汝辄不愿。对于北京妇女以酒食赌博相征逐，或假公益之名以鹜声气而因缘为利者，尤慎避之，不敢与往来。常克勤克俭以养我之廉，以端正子女之习惯。呜呼！我之感汝何如，而竟不得一当以报汝耶！

汝爱我以德，无微不至。对于我之饮食、起居、疾痛、疴养，时时悬念，所不待言。对于我所信仰之主义，我所信仰之朋友，或所见不与我同，常加规劝，我或不能领受，以至与汝争论；我事后辄非常悔恨，以为何不稍稍忍耐，以免伤汝之心。呜呼！而今而后，再欲闻汝之规劝而不可得矣，我惟有时时铭记汝往日之言以自检耳。

汝病剧时，劝我按预约之期以行，而我不肯。汝自料不免于死，常祈速死，以免误我之行期。我当时认为此不过病中愤感之谈，及汝小愈，则亦置之。呜呼！岂意汝以小愈促我行，而竟不免死于我行以后耶！

我自行后，念汝病，时时不宁。去年11月26日，在舶中发一无线电于蒋君，询汝近况，冀得一痊愈之消息以告慰，而复电仅言小愈；我意非痊愈，则必加剧，小愈必加剧之讳言，聊以宽我耳，我于是益益不宁。到里昂后，即发一电于李君，询汝近况，又久不得复。直至我已由里昂而巴黎，而瑞士，始由里昂转到谭、蒋二君之电，始知汝竟于我到巴黎之次日，已舍我而长逝矣！呜呼！我之旅行，为对社会应尽之义务，本不能以私废公；然迟速之间，未尝无商量之余地。尔时，李夫人曾劝我展缓行期，我竟误信医生之言决行，致不得调护汝以蕲免于死。呜呼！我负汝如此，我虽追悔，其尚可及耶！

我得电时，距汝死已八日矣。我既无法速归，归亦已无济于事；我不能不按我预定计划，尽应尽之义务而后归。呜呼！汝如有知，能不责我负心耶！汝年爱者，老父、老母也，我祝二老永远健康，以副汝之爱。汝所爱者，我也，我当善自保养，尽力于社会，以副汝之爱。汝所爱者，威廉也，柏龄也，现在托庇于汝之爱妹，爱护周至，必不让于汝。我回国以后，必躬自抚养，使得受完全教育，为世界上有价值之人物，有的贡献于世界，以为汝母教之纪念，以副汝之爱。呜呼！我所以慰汝者，如此而已。汝如有知，其能满意否耶！

汝自幼受妇德之教育，居恒慕古烈妇人之所为。自与我结婚以后，见我多病而常冒危险，常与我约，我死则汝必以身殉。我谆谆劝汝，万不可如此，宜善抚子女，以尽汝之母之天职。呜呼！孰意我尚未死，而汝竟先我而死耶！我守我劝汝之言，不敢以身殉汝。然后早衰而多感，我有生之年，亦复易尽；死而有知，我与汝聚首之日不远矣。

呜呼！死者果有知耶？我平日决不敢信；死者果无知耶！我今日为汝而不敢信；我今日惟有认汝为有知，而与汝作此最后之通讯，以稍稍纾我之悲悔耳！呜呼！仲玉！

——1921年1月9日，汝夫蔡元培

2.朱自清《给亡妇》

谦，日子真快，一眨眼你已经死了三个年头了。这三年里世事不知变化了多少回，但你未必注意这些个。我知道，你第一惦记的是你几个孩子，第二便轮着我。孩子和我平分你的世界，你在日如此；你死后若还有知，想来还如此的。告诉你，我夏天回家来着：迈儿长得结实极了，比我高一个头。闰儿父亲说是最乖，可是没有先前胖了。采芷和转子都好。五儿全家夸她长得好看；却在腿上生了湿疮，整天坐在竹床上不能下来，看了怪可怜的。六儿，我怎么说好，你明白，你临终时也和母亲谈过，这孩子是只可以养着玩儿的，他左挨右挨到去年春天，到底没有挨过去。这孩子生了几个月，你的肺病就重起来了。我劝你少亲近他，只监督着老妈子照管就行。你总是忍不住，一会儿提，一会儿抱的。可是你病中为他操的那一份儿心也够瞧的。那一个夏天他病的时候多，你成天儿忙着，汤呀，药呀，冷呀，暖呀，连觉也没有好好儿睡过。哪里有一分一毫想着你自己。瞧着他硬朗点儿你就乐，干枯的笑容在黄蜡般的脸上，我只有暗中叹气而已。

从来想不到做母亲的要像你这样。从迈儿起，你总是自己喂乳，一连四个都这样。你起初不知道按钟点儿喂，后来知道了，却又弄不惯；孩子们每夜里几次将你哭醒了，特别是闷热的夏季。我瞧你的觉老没睡足。白天里还得做菜，照料孩子，很少得空儿。你的身子本来坏，四个孩子就累你七八年。到了第五个，你自己实在不成了，又没乳，只好自己喂奶粉，另雇老妈子专管她。但孩子跟老妈子睡，你就没有放过心；夜里一听见哭，就竖起耳朵听，工夫一大就得过去看。十六年初，和你到北京来，将迈儿、转子留在家里；三年多还不能去接他们，可真把你惦记苦了。你并不常提，我却明白。你后来说你的病就是惦记出来的；那个自然也有份儿，不过大半还是养育孩子累的。你的短短的十二年结婚生活，有十一年耗费在孩子们身上；而你一点不厌倦，有多少力量用多少，一直到自己毁灭为止。你对孩子一般儿爱，不问男的女的，大的小的，也不想到什么“养儿防老，积谷防饥”，只拼命的爱去。你对于教育老实说有些外行，孩子们只要吃得好玩得好就成了。这也难怪你，你自己便是这样长大的。况且孩子们原都还小，吃和玩本来也要紧的。你病重的时候最放不下的还是孩子。病的只剩皮包着骨头了，总不信自己不会好；老说：“我死了，这一大群孩子可苦了。”后来说送你回家，你想着可以看见迈儿和转子，也愿意；你万不想到会一走不返的。我送车的时候，你忍不住哭了，说：“还不知能不能再见？”可怜，你的心我知道，你满想着好好儿带着六个孩子回来见我的。谦，你那时一定这样想，一定的。

除了孩子，你心里只有我。不错，那时你父亲还在；可是你母亲死了，他另有个女人，你老早就觉得隔了一层似的。出嫁后第一年你虽还一心一意依恋着他老人家，到第二年上我和孩子可就将你的心占住，你再没有多少工夫惦记他了。你还记得第一年我在北京，你在家里。家里来信说你待不住，常回娘家去。我动气了，马上写信责备你。你教人写了一封覆信，说家里有事，不能不回去。这是你第一次也可以说第末次的抗议，我从此就没给你写信。暑假时带了一肚子主意回去，但见了面，看你一脸笑，也就拉倒了。打这时候起，你渐渐从你父亲的怀里跑到我这儿。你换了金镯子帮助我的学费，叫我以后还你；但直到你死，我没有还你。你在我家受了许多气，又因为我家的缘故受你家里的气，你都忍着。这全为的是我，我知道。那回我从家乡一个中学半途辞职出走。家里人讽你也走。哪里走！只得硬着头皮往你家去。那时你家像个冰窖子，你们在窖里足足住了三个月。好容易我才将你们领出来了，一同上外省去。小家庭这样组织起来了。你虽不是什么阔小姐，可也是自小娇生惯养的，做起主妇来，什么都得干一两手；你居然做下去了，而且高高兴兴地做下去了。菜照例满是你做，可是吃的都是我们；你至多夹上两三筷子就算了。你的菜做得不坏，有一位老在行大大地夸奖过你。你洗衣服也不错，夏天我的绸大褂大概总是你亲自动手。你在家老不乐意闲着；坐前几个“月子”，老是四五天就起床，说是躺着家里事没条没理的。其实你起来也还不是没条理；咱们家那么多孩子，哪儿来条理？在浙江住的时候，逃过两回兵难，我都在北平。真亏你领着母亲和一群孩子东藏西躲的；每一回还要走多少里路，翻一道大岭。这两回差不多只靠你一个人。你不但带了母亲和孩子们，还带了我一箱箱的书；你知道我是最爱书的。在短短的十二年里，你操的心比人家一辈子还多；谦，你那样身子怎么经得住！你将我的责任一股脑儿担负了去，压死了你；我如何对得起你！

你为我的捞什子书也费了不少神；第一回让你父亲的男佣人从家乡捎到上海去。他说了几句闲话，你气得在你父亲面前哭了。第二回是带着逃难，别人都说你傻子。你有你的想头：“没有书怎么教书？况且他又爱这个玩意儿。”其实你没有晓得，那些书丢了也并不可惜；不过教你怎么晓得，我平常从来没和你谈过这些个！总而言之，你的心是可感谢的。这十二年里你为我吃的苦真不少，可是没有过几天好日子。我们在一起住，算来也还不到五个年头。无论日子怎么坏，无论是离是合，你从来没对我发过脾气，连一句怨言也没有。——别说怨我，就是怨命也没有过。老实说，我的脾气可不大好，迁怒的事儿有的是。那些时候你往往抽噎着流眼泪，从不回嘴，也不号啕。不过我也只信得过你一个人，有些话我只和你一个人说，因为世界上只你一个人真关心我，真同情我。你不但为我吃苦，更为我分苦；我之有我现在的精神，大半是你给我培养着的。这些年来我很少生病。但我最不耐烦生病，生了病就呻吟不绝，闹那伺候病的人。你是领教过一回的，那回只一两点钟，可是也够麻烦了。你常生病，却总不开口，挣扎着起来；一来怕搅我，二来怕没人做你那份儿事。我有一个坏脾气，怕听人生病，也是真的。后来你天天发烧，自己还以为南方带来的疟疾，一直瞒着我。明明躺着，听见我的脚步，一骨碌就坐起来。我渐渐有些奇怪，让大夫一瞧，这可糟了，你的一个肺已烂了一个大窟窿了！大夫劝你到西山去静养，你丢不下孩子，又舍不得钱；劝你在家里躺着，你也丢不下那份儿家务。越看越不行了，这才送你回去。明知凶多吉少，想不到只一个月工夫你就完了！本来盼望还见得着你，这一来可拉倒了。你也何尝想到这个？父亲告诉我，你回家独住着一所小住宅，还嫌没有客厅，怕我回去不便哪。

前年夏天回家，上你坟上去了。你睡在祖父母的下首，想来还不孤单的。只是当年祖父母的坟太小了，你正睡在圹底下。这叫做“抗圹”，在生人看来是不安心的；等着想办法哪。那时圹上圹下密密地长着青草，朝露浸湿了我的布鞋。你刚埋了半年多，只有圹下多出一块土，别的全然看不出新坟的样子。我和隐今夏回去，本想到你的坟上来；因为她病了没来成。我们想告诉你，五个孩子都好，我们一定尽心教养他们，让他们对得起死了的母亲——你！谦，好好儿放心安睡吧，你。

1932年10月11日作

第八章　在追忆中完成自我“重建”

死亡发生后，一方面是亲人离去的事实，另一方面是丧亲的生者如何面对这一事实产生的后果。后者更严峻也更需要关注。

对于生者而言，亲人的死亡意味着一个生命的结束，意味着与死者现实的联系从此切断，更意味着一个生命的重新出发被开启。

亲人离去直接的后果是导致生者的悲痛。这种悲痛是对“失去”的身体上、心理上和行为层面的负面反应，包括某些生理上的不适、情绪上的悲伤脆弱、心理上的困惑迷茫和行动上的麻木失措。死者生前在家庭生活中的角色越重要，与死者的关系越密切，生者悲痛就越沉重。悲痛是对死亡的正常反应，但是沉溺于悲痛则会造成生活的混乱甚至希望的毁灭。因此走出悲伤就成为对生者的挑战，这一挑战的目标则是完成自我重建。

丧亲以后的自我重建至少包含以下三个方面：

一是身份的重建。亲人的死亡导致一些身份关系的破坏，影响生者在生活中的地位，生者需要重新定位和适应新的生活角色。二是生活秩序的重建。亲人的离去会改变日常生活的场景，打乱日积月累形成的习惯，也会改变日常职责的分配，这一切需要生者重新设定并理顺。三是价值重建。亲人的死亡会破坏原有的支持生活的价值体系，打击生者的对生活的热情、兴趣和信心，产生对生存能力的自我怀疑以及对未来生活的迷茫，此时重燃生活的希望、重塑生命的意义显得尤为迫切。

本章的选文以“三个重建”为线索完成收集整理。

一、重建社会身份

这里所谓的身份指的是人在社会关系中所处的客观位置及其影响。一方面人的身份由他的社会关系确定，在不同的社会关系中，人处于不同的位置，从而获得不同的身份。比如家庭生活中，人在亲子关系和夫妻关系中的身份就不一样；另一方面，人的社会关系又需要以他的身份为依托。身份是社会关系网中的实体节点，失去了这个节点，社会关系也就无从维系。比如正是因为有了父亲或母亲、儿子或女儿、丈夫或妻子的身份，亲子关系、夫妻关系才会有所依托。可见人们对身份确认，不仅是经由抽象的社会关系去完成，更需要通过身份所承载的角色职能得以实现。

一个人死了，抽象的社会关系或许并没有因此消失，他依然还存在于父母、子女、夫妻、兄弟姐妹等关系之中，但是他的身份却发生了不可避免的变化，他作为社会关系中的实体节点消失了，身份赖以维系的依托也不复存在了。相应地，死者的亲人在思考和处理与死者社会关系时，也会因为死者身份的变化而出现自身身份的某些困惑和混乱：他还在不在？他还能不能依靠？他还不能不能作为陪伴？生者要走出困惑与混乱就需要重建自己的社会身份，这个过程实质上就是一个逐步接受亲人已经死亡的残酷现实。

选文来源于编者的一个朋友。2002年她的父亲因心梗英年早逝，对她的打击很大，在很长时间里她不相信父亲已经去世的事实，无法接受自己变成了一个没有父亲的孩子，难以适应失去父亲的生活，坦言“不知道怎样继续生活”，始终无法完成父亲去世后的身份重建。当然，她为编者提供素材时已然走出阴影，生活早已步入正轨。确实，丧亲后，悲伤与不适都难免，但生活还要继续。

怀念父亲[①]

父亲走得很突然，心肌梗塞，没有留下一句遗言，就扔下我和母亲。

① 来源：志愿者提供。

那时，我刚刚大学毕业，参加工作不到一年，满心憧憬着好好工作，努力改善家庭生活状况，报答父母的养育之恩。不承想，天不遂人愿，真是“子欲养而亲不待”啊。

初闻噩耗，我完全无法接受父亲已然离我而去的事实。他才50岁不到，正处于人生的盛年阶段，怎么可能说没就没了呢？他有一个他爱和爱他的妻子，有一个和睦而又温馨的家，怎么可能说抛下就抛下了呢？他还有一个已经参加工作开始挣钱，孝顺而又崇拜他的女儿，眼看着日子会越来越好，他怎么可能说不要就不要了呢？还有他喜欢的西甲、英超还在如火如荼地进行，这可是他一直以来的难得的爱好呀，说舍弃就狠心舍弃了吗？

直到我握着父亲冰凉的手，看着他苍白的遗容，依然不敢相信父亲真的去了。我宁愿自己身处梦幻之中，一朝醒来又可以看见生龙活虎、幽默乐观的父亲，一家三口其乐融融。然而，我哭得死去活来几番，终于意识到了，我再也见不到我的父亲了。

父亲去世后很长一段时间，我常常在夜里翻看父亲的照片，默默地流泪，一遍一遍地回忆，一遍一遍地思念。

我记得上小学的时候，父亲总是想办法抽时间接送我。在往返学校的路上，从来不让我背书包，我坚持自己背，说老师要求自己的事情自己做，父亲则蛮不讲理地说，我可不想我漂亮的闺女变成一个小驼背。我无奈地看着身边背着个大书包的同学，又羞愧又得意。

我上中学后，学校离家更远了，学习任务更重了，作息安排也更紧张了。父亲为了让我每天多睡10分钟，特意买了一辆电动单车，每天上班前送我上学。我怕他辛苦，说我可以和其他同学一样独自乘坐公交上学。我父亲大手一挥，说他做的是护花使者的工作，光荣而又快乐，而且希望永远不下岗。但是，进入高中阶段后，因为青春期的作祟，在我的严重抗议和百般抵制下，父亲不得不终止了护送我上学的做法，为此他还闷闷不乐好长一段时间。然而，父亲对我的安全始终放心不下，于是不顾学校规章的禁止和母亲的反对，偷偷地给我配置了一部手机，希望随时能够联系到我。每当想起这些，懊悔与感动交织而生。

父亲对生活的要求不高，过得比较节俭。他喜欢观看体育节目，也经常运动，但是对运动装备从不讲究。我不能忘记，读高中时，我利用暑期在麦当劳打工，领到工资后，去阿迪达斯专卖店为父亲买了一双球鞋。父亲抱怨说，应该事前跟他招呼一声的，这么贵的鞋给他穿有点浪费。父亲实际上是心疼我，说我好不容易赚了点钱，应该自己享受劳动的果实。不过，我还是感觉到了，父亲很开心。唉，真想有机会再好好孝敬父亲。

父亲没什么架子，喜欢和我开玩笑，爱拿我小时候的一些糗事取笑我。印象最深刻的是，他经常用我儿时坐在矮凳上睡着了仍然双手抱着奶瓶仰头喝奶的照片，来证明我是一个对食物无比执着的小吃货。对此，我有的时候显得有些窘迫，声称自己已经长大了，反对父亲老是把我当小孩对待。父亲则理直气壮地说，在他的眼里，我始终是他的闺女，哪怕我60岁了还是他的老闺女。

父亲是我的人生导师。他经常好像是在不经意间给我传递一些为人处事的道理和经验，尤其强调一个女孩子要懂得自立自强的重要性。他常说我出身于一个普通家庭，既不富也不贵，因此我没有傲气凌人的资本，可是也不必在人前卑躬屈膝，任何时候都不能放弃做人的基本尊严。我也习惯于碰到困难求助父亲，并常常有豁然开朗的收获。比如女孩子的恋爱从来都是父母揪心的问题。我上高中以后，父亲不像母亲那样严厉禁止我谈恋爱，而是告诫我要学会仔细观察，慢慢选择，提醒我在恋爱中始终保持基本的平等意识，不能把对男孩子的依赖当作天经地义，甚至借恋爱之名在物质上占对方便宜，否则必然在恋爱中失去尊严。感谢父亲的教导，让我虽然经历恋爱挫折，却没有一蹶不振。

每当想起这些往事，我就加倍地思念父亲，也更加难以接受生活中没有父亲的事实。亲爱的父亲，不是说好了你要做我的护花使者永不下岗么？不是说好了我要当你一辈子的老闺女么？不是说好了你要牵着我的手送给我的新郎么？我以后遇到问题还能找谁去商量呢？我怎么就变成了一个没有父亲的孩子了呢？我对你的思念疯狂地蔓延。家里的摆设都按照你生前的模样原封不动，让每一件物品都可以与你联系在一起。我坐在你习惯的位置看你喜欢的体育节目，想体验你的喜好，我穿着你的衣服，想感受你的温暖，我做你爱吃的菜肴，想保留你的味道，我用你的钥匙打开家门，想回味家的完整……我想象着你的身影，我相信你还在这个家里从未离开。我知道这样很不理性，却无法克制。你的音容笑貌、行止坐卧的姿态像刻在我脑海的深处。

亲爱的父亲，我很迷茫，我不知道以后的路该怎样走，不知道该怎样面对身边的一切，我甚至怀疑人生的意义。我见不得别人温馨的家庭生活，我不知道应该如何继续生活，我不知道怎样才能保护妈妈，我不知道我还能不能成家立业，我担心什么时候还会失去……

亲爱的父亲，你离开的时候没有说再见，果真是不能再见了么？你若真的在天有灵，便托个梦给女儿吧，让我们在梦中相见，并为你的闺女指点迷津！

二、重建生活秩序

生活秩序说的是生活中正常的条理性、次序性。每一个家庭在朝夕相处的共同生活中都会逐渐形成习以为常的角色分配和生活规律，这是家庭成员之间交互影响、默契配合而形成的生活环境，也是家庭生活安全、舒适乃至幸福的源泉。某一个家庭成员的死亡会打破这个熟悉的生活秩序，给生者带来行为失措，造成诸如麻木、迷茫、消沉等一系列的负面情绪体验。这种状况无益于帮助生者走出失去亲人的悲痛，也不一定符合死者的愿望。因此适应没有了死者的新的生活环境，重构没有死者参与的新的生活秩序成为必须面对的现实。

建立新的生活秩序是回归正常的日常生活的有效保障。然而这是一个艰难的心理和行为调整的过程，需要形成新的习惯，适应新的职责，这一切都不是一朝一夕可以完成的。但是生活需要继续，无论谁的离去，家庭需要有正常的经济来源、水费电费要继续缴、卫生还要打扫、屋子还要整理……无助与悲伤的状态不能解决任何实际问题。所以，要认清死者在自己生活中扮演的角色，接受死者再也无法承担自己生活中的某些职责，并用实际行动取代死者曾经的职责，最后让生活回到正常的轨道，完成生活秩序的重建。

选文《祭夫徐敬业文》为南梁才女刘令娴纪念亡夫徐敬业所作祭文。文章缅怀了徐敬业出众的才情与高洁的德性，回顾了作者与死者之间的恩爱和谐，表达了作者的悲痛与失落迷茫。她说“辅仁难验，神情易促。”失去了丈夫这个精神支柱，自身的成长也没了依靠。想到从此再也见不到丈夫了，就万分难过。作者对丈夫无比依恋，以前丈夫外出不归就让她心神不宁，以致无心打扮，而这一次的分离却是天人永隔，这可让她今后如何自处？作者难以从失去丈夫的悲伤中走出来，对未来的没有丈夫陪伴的生活似乎缺少足够的准备，因而也有一些迷茫失措，甚至想到了自己死后的相聚，“百年何几？泉穴方同。”

宋代词人李清照的《金石录后序》，介绍了《金石录》的内容与成书过程，给人留下深刻印象的是赵明诚、李清照夫妇收集、整理金石文物的经过及其忧患得失。夫妻俩痴迷金石文物成癖，“有饭蔬衣练，穷遐方绝域，尽天下古文奇字之志。”“虽处忧患困穷，而志不屈。”作者本人也宁可“食去重肉，衣去重采，首无明珠、翠羽之饰，室无涂金、刺绣之具。”但求“几案罗列，枕席枕藉，意会心谋，目往神授，乐在声色狗马之上。”然而生逢乱世，这种书生志向注定难以实现，尽管他们把金石文物视若生命，金人入侵后，国破家亡，丈夫赵明诚去世，在颠沛流离的逃亡过程中他们多年辛苦收集的巨量藏品也“十去其七八。”尽管对所剩下的“一二残零”作者“犹复爱惜如护头目”，但是她也清楚，夫妻志趣相投，共同沉醉于金石研究而“甘心老是乡”的日子一去不复返了。作者也很通达，“然有有必有无，有聚必有散，乃理之常。人亡弓，人得之，又胡足道！”无论如何，人终究是要面对现实的。

1.（南朝梁）刘令娴《祭夫徐敬业文》

维梁大同五年，新妇谨荐少牢于徐府君之灵曰：

惟君德爰礼智，才兼文雅，学比山成，辨同河泻。明经擢秀，光朝振野。调逸许中，声高洛下。含潘度陆，超终迈贾。二仪既肇，判合始分。简贤依德，乃隶夫君。外治徒奉，内佐无闻。幸移蓬性，颇习兰薰。式传琴瑟，相酬典坟。辅仁难验，神情易促。雹碎春红，霜雕夏绿。躬奉正衾，亲观启足。一见无期，百身何赎。呜呼哀哉！生死虽殊，情亲犹一。敢遵先好，手调姜橘。素俎空乾，奠觞徒溢。昔奉齐眉，异于今日。从军暂别，且思楼中；薄游未反，尚比飞蓬；如当此诀，永痛无穷。百年何几？泉穴方同。

译文：

梁大同五年，新妇恭敬献上祭品于徐府君灵前并致辞：

您的德行涵盖礼仪与智慧，才情兼具文采与高雅。学问好比高山，辩才如同流水。您通晓经术出类拔萃，影响遍及朝廷与民间。品格超逸于许昌地区，名声高扬于洛阳都邑。盖过潘岳超越陆机，赛过终军赶超贾谊。既有天地阴阳，就有男女婚姻，我选择贤德之人依托终身，于是嫁给夫君。您外出做官只身赴任，我操持家务默默无闻。我如蓬草一般的资质有幸得到您的爱护，也熏染了一些芝兰的芳馨。仿效那琴瑟和谐的榜样，互相酬唱赠答诗文。您辅助我成长的愿望如今难以验证，我对您的精神依赖也从此消失，就如同冰雹打碎了春天的红花，早霜凋谢了夏日的绿叶。我亲自为您整理好下殓的衾被，仔细察看您的遗体遗容。自此以后再无相会之期，我就是身死百次也无法将您赎回。这多么令人悲伤难过！

你我生死相隔，但我爱您的心一如既往。特此依照您生前爱好，亲手为您做了一些祭品。只是这些祭品空自干硬却无人享用，祭奠的清酒也徒然斟满杯中也无人来喝。回想以前侍奉您吃饭的情形，如今的境况却大不相同。往昔从军短暂的离别，我尚且在家里思念您；您外出宦游未能归来时，我就无心打扮使得头发像一蓬乱草。面对今天这样的永别，我内心的悲痛将无穷无尽。人生一世有多少时日呢？但愿死后能与您同穴相聚。

2.（宋）李清照《金石录后序》

右《金石录》三十卷者何？赵侯德甫所著书也。取上自三代，下迄五季，钟、鼎、甗、鬲、盘、彝、尊、敦之款识，丰碑大碣，显人晦士之事迹，凡见于金石刻者二千卷，皆是正伪谬，去取褒贬，上足以合圣人之道，下足以订史氏之失者，皆载之，可谓多矣。

呜呼！自王涯、元载之祸，书画与胡椒无异；长舆、元凯之病，钱癖与传癖何殊？名虽不同，其惑一也。

余建中辛巳，始归赵氏。时先君作礼部员外郎，丞相作吏部侍郎。侯年二十一，在太学作学生。赵、李族寒，素贫俭。每朔望谒告，出，质衣，取半千钱，步入相国寺，市碑文果实。归，相对展玩咀嚼，自谓葛天氏之民也。后二年，出仕宦，便有饭蔬衣綀，穷遐方绝域，尽天下古文奇字之志。日就月将，渐益堆积。丞相居政府，亲旧或在馆阁，多有亡诗、逸史，鲁壁、汲冢所未见之书，遂力传写，浸觉有味，不能自已。后或见古今名人书画，三代奇器，亦复脱衣市易。尝记崇宁间，有人持徐熙《牡丹图》，求钱二十万。当时虽贵家子弟，求二十万钱，岂易得耶？留信宿，计无所出而还之。夫妇相向惋怅者数日。

后屏居乡里十年，仰取俯拾，衣食有余。连守两郡，竭其俸入，以事铅椠。每获一书，即同共勘校，整集签题。得书、画、彝、鼎，亦摩玩舒卷，指摘疵病，夜尽一烛为率。故能纸札精致，字画完整，冠诸收书家。余性偶强记，每饭罢，坐归来堂烹茶，指堆积书史，言某事在某书某卷第几叶第几行，以中否角胜负，为饮茶先后。中即举杯大笑，至茶倾覆怀中，反不得饮而起。甘心老是乡矣！故虽处忧患困穷，而志不屈。收书既成，归来堂起书库，大橱簿甲乙，置书册。如要讲读，即请钥上簿，关出卷帙。或少损污，必惩责揩完涂改，不复向时之坦夷也。是欲求适意，而反取憀慄。余性不耐，始谋食去重肉，衣去重采，首无明珠翠羽之饰，室无涂金刺绣之具。遇书史百家，字不刓缺，本不讹谬者，辄市之，储作副本。自来家传《周易》、《左氏传》，故两家者流，文字最备。于是几案罗列，枕席枕藉，意会心谋，目往神授，乐在声色狗马之上。

至靖康丙午岁，侯守淄川，闻金寇犯京师，四顾茫然，盈箱溢箧，且恋恋，且怅怅，知其必不为己物矣。建炎丁未春三月，奔太夫人丧南来，既长物不能尽载，乃先去书之重大印本者，又去画之多幅者，又去古器之无款识者；后又去书之监本者，画之平常者，器之重大者。凡屡减去，尚载书十五车。至东海，连舻渡淮，又渡江，至建康。青州故第，尚锁书册什物，用屋十余间，期明年春再具舟载之。十二月，金人陷青州，凡所谓十余屋者，已皆为煨烬矣。

建炎戊申秋九月，侯起复知建康府。己酉春三月罢，具舟上芜湖，入姑熟，将卜居赣水上。夏五月，至池阳，被旨知湖州，过阙上殿。遂驻家池阳，独赴召。六月十三日，始负担舍舟，坐岸上，葛衣岸巾，精神如虎，目光烂烂射人，望舟中告别。余意甚恶，呼曰：“如传闻城中缓急，奈何？”戟手遥应曰：“从众。必不得已，先弃辎重，次衣被，次书册卷轴，次古器；独所谓宗器者，可自负抱，与身俱存亡，勿忘之！”遂驰马去。涂中奔驰，冒大暑，感疾。至行在，病痁。七月末，书报卧病。余惊怛，念侯性素急，奈何病痁，或热，必服寒药，疾可忧。遂解舟下，一日夜行三百里。比至，果大服柴胡、黄芩药，疟且痢，病危在膏肓。余悲泣，仓皇不忍问后事。八月十八日，遂不起，取笔作诗，绝笔而终，殊无分香卖履之意。葬毕，余无所之。

朝廷已分遣六宫，又传江当禁渡。时犹有书二万卷，金石刻二千卷，器皿、茵褥，可待百客，他长物称是。余又大病，仅存喘息。事势日迫，念侯有妹婿，任兵部侍郎，从卫在洪州，遂遣二故吏，先部送行李往投之。冬十二月，金寇陷洪州，遂尽委弃。所谓连舻渡江之书，又散为云烟矣。独余少轻小卷轴书帖，写本李、杜、韩、柳集，《世说》《盐铁论》，汉唐石刻副本数十轴，三代鼎鼐十数事，南唐写本书数箧，偶病中把玩，搬在卧内者，岿然独存。

上江既不可往，又虏势叵测，有弟迒，任敕局删定官，遂往依之。到台，台守已遁；之剡，出睦，又弃衣被。走黄岩，雇舟入海，奔行朝，时驻跸章安，从御舟海道之温，又之越。庚戌十二月，放散百官，遂之衢。绍兴辛亥春三月，复赴越；壬子，又赴杭。

先侯疾亟时，有张飞卿学士，携玉壶过，视侯，便携去，其实珉也。不知何人传道，遂妄言有颁金之语。或传亦有密论列者。余大惶怖，不敢言，亦不敢遂已，尽将家中所有铜器等物，欲赴外廷投进。到越，已移幸四明。不敢留家中，并写本书寄剡。后官军收叛卒，取去，闻尽入故李将军家。所谓岿然独存者，无虑十去五六矣。惟有书画砚墨，可五七簏，更不忍置他所。常在卧塌下，手自开阖。在会稽，卜居士民钟氏舍。忽一夕，穴壁负五簏去。余悲恸不已，重立赏收赎。后二日，邻人钟复皓出十八轴求赏，故知其盗不远矣。万计求之，其余遂不可出。今知尽为吴说运使贱价得之。所谓岿然独存者，乃十去其七八。所有一二残零，不成部帙书册三数种。平平书帙，犹复爱惜如护头目，何愚也耶！

今日忽阅此书，如见故人。因忆侯在东莱静治堂，装卷初就，芸签缥带，束十卷作一帙。每日晚吏散，辄校勘二卷，跋题一卷。此二千卷，有题跋者五百二卷耳。今手泽如新，而墓木已拱，悲夫！

昔萧绎江陵陷没，不惜国亡而毁裂书画；杨广江都倾覆，不悲身死而复取图书。岂人性之所著，死生不能忘之欤？或者天意以余菲薄，不足以享此尤物耶？抑亦死者有知，犹斤斤爱惜，不肯留在人间耶？何得之艰而失之易也！

呜呼，余自少陆机作赋之二年，至过蘧瑗知非之两岁，三十四年之间，忧患得失，何其多矣！然有有必有无，有聚必有散，乃理之常。人亡弓，人得之，又胡足道！所以区区记其终始者，亦欲为后世好古博雅者之戒云。

绍兴二年、玄黓岁，壮月朔甲寅，易安室题。

译文：

《金石录》三十多卷是谁的著作呢？正是先夫赵德甫所撰。内容上自三代，下至五代之末，凡是铸在钟、鼎、甗、鬲、盘、彝、尊、敦上的题记，以及刻在高大石碑上的名人隐士的事迹，这些见之于金石之物上的文字，共整理了二千卷，全都校正了谬误，进行了汰选和品评。所做的工作既符合圣人的道德标准，也可以帮助史官修订失误，可以称得上内容丰富了！

唉！自从唐代的王涯与元载遭到杀身之祸以后，书画跟胡椒几乎是同样的取祸原凶；而晋人和峤的钱癖与杜预的《左传》癖，其实也没有什么区别。听起来不相同，但痴迷其中都是一样的。

我在宋徽宗建中靖国元年，嫁给赵氏。当时先父是礼部员外郎，明诚的父亲是礼部侍郎。丈夫赵明诚年方二十一岁，正在太学读书。赵、李两家本是寒门，向来清贫俭朴。每月初一、十五，明诚都请假出去，把衣服押在当铺里，取五百铜钱，走进大相国寺，购买碑文和果实。两人对着买回来的碑文一起欣赏着，反复研究，自认为夫妻二人像远古时代葛天氏的臣民那样自由和快乐。两年以后，明诚出仕做官，便立下即使节衣缩食，也要走遍四方，把天下的古文奇字全部搜集起来的志愿。日积月累，碑文也越积越多。因为赵明诚的父亲在政府工作，亲戚古旧中也有在秘书省工作的，所以常常可以看到《诗经》以外的佚诗、正史以外的逸史，以及从鲁国孔子旧壁中、汲郡魏安釐王墓中发掘出来的古文经传和竹简文字，于是就尽力抄写，渐渐感到趣味无穷，到了难以自拔的地步。从那以后如果看到古今名人的书画和夏、商、周三代的奇器，也还是脱下衣服去当了也要把它买下来。曾记得崇宁年间，有一个人拿来一幅徐熙所画的《牡丹图》，要价二十万钱才肯卖。当时虽是官宦子弟，但要筹集二十万铜钱，又谈何容易！夫妻二人把玩了两夜，想尽办法也筹不到钱，只好还给了卖家。我们夫妇为此惋惜惆怅了好几天。

后来明诚罢官，带我回青州故乡闲居了十年。夫妇勤俭持家，过上了衣食无忧的生活。明诚复官后，又接连做了莱州和淄州的知州，把他的全部俸禄拿出来，从事书籍的校勘、刻写。每得一本书，我们就一起校勘，整理成类，题上书名。得到书画和彝、鼎古玩，也摩挲把玩或摊开来欣赏，指出存在的不足。每次等到蜡烛烧完才去睡觉。因此所收藏的古籍，在精致和完整上超过许多收藏家。我天性博闻强记，每次吃完饭，和明诚坐在归来堂上烹茶，指着堆积的书史，说某一典故出在某书某卷第几页第几行，二人以猜中与否以决胜负，并以此作为饮茶的先后。猜中了的便举杯大笑，常常把茶不小心倒在胸前衣襟上，反而饮不到一口。真愿意这样过一辈子！虽然生活不是很富裕，但理想从没有被抛弃。收集的书籍达到了要求，就在归来堂中建起书库，把大橱编上了甲乙丙丁的号码，中间放上书册。如需讲读，就拿来钥匙开橱，在簿子上登记，然后取出所要的书籍。有时我把书籍损坏或弄脏了一点，明诚定要提出批评，并责令我揩干净涂改正确，不像平时那样平易和蔼了。收藏书籍本为寻求适意，如今反而弄得一场不愉快。我性子实在忍耐不住，就想办法不吃第二道荤菜，不穿第二件绣有文彩的衣裳，头上没有明珠翡翠的首饰，室内没有镀金刺绣的家具。节省下来的钱遇到想要的书籍，只要字不残缺、正规版本，就马上买下，储存起来作为副本。向来家传的《周易》和《左传》，原有两个版本源流，文字最为完备。于是罗列在几案上，堆积在枕席间，我们意会心谋，目往神授，这种乐趣远远超过那些追逐声色犬马的人。

到了钦宗靖康元年，明诚做了淄州知州，闻听金军进犯京师汴梁，一时间很茫然，对着满箱满笼的书籍，即恋恋不舍，又怅惘不已，心知这些东西必将不为己有了。高宗建炎元年三月间，我的婆婆郭氏死于建康，明诚到南下奔丧。所有的物品不能全部带去，便先把书籍中笨重的印本去掉，又把藏画中重复的几幅去掉，再把古器中没有款识的放弃。

后来又去掉书籍中的国子监刻本、画卷中的平平之作及古器中笨重的几件。经多次削减，还是装了十五车书籍。到了海州，雇了好几艘船渡过淮河，又渡过长江，到达建康。这时青州老家，还锁着书册什物，占用了十多间房屋，希望来春再备船把它装走。然而到了十二月，金兵攻下青州，这十几屋东西，一下子化为灰烬了。

高宗建炎二年秋九月，明诚再度被启用任职建康府，三年春三月罢官，搭船上芜湖。到了当涂，打算在赣江一带找个住处。夏五月，到贵池，皇帝有旨任命他为湖州知州，需上殿朝见。于是我们把家暂时安置在贵池，他一人奉旨入朝。六月十三日，开始挑起行李，舍舟登岸。他穿着一身夏布衣服，翻起覆在前额的头巾，坐在岸上，精神如虎，目光如电，向船上的我告别。此刻我的情绪很不好，大喊道：“假如听说城里局势紧急，怎么办呀？”他伸出两个手指，远远地答应道：“跟随众人吧。实在万不得已，先丢掉包裹箱笼，再丢掉衣服被褥，再丢掉书册卷轴，再丢掉古董，只是那些宗庙祭器和礼乐之器，必须抱着背着，与自身共存亡，别忘了！”说罢策马而去。一路上不停地奔驰，冒着炎暑，感染成疾。到达皇帝驻跸的建康，患了疟疾。七月底，有信到家，说是病倒了。我又惊又怕，想到明诚向来性子很急，无奈生了疟疾，有时发烧起来，他一定会服凉药，健康就令人担忧了。于是我乘船东下，一昼夜赶了三百里。见到他后，方知他果然服了大量的柴胡、黄芩等凉药，疟疾加上痢疾，病入膏肓，危在旦夕。我不禁悲伤落泪，不忍心问及后事。八月十八日，他便不再起来，取笔做诗，绝笔而终，此外更没有“分香卖屦”之类的遗嘱。

把他安葬完毕，我茫茫然不知到什么地方是好。建炎三年七月，皇上把后宫的嫔妃全部分散出去，又听说长江就要禁渡。当时家里还有书二万卷，金石刻二千卷。所有的器皿、被褥，可以供百人所用；其他物品，数量与此相当。我又生了一场大病，只剩下一口气。时局越来越紧张，想到明诚有个做兵部侍郎的妹婿，此刻正在南昌作后宫的护卫。我马上派了两个老管家，先将行李分批送到他那里去。谁知到了冬十二月，金人又攻下南昌，于是这些东西便全数失去。一艘船接着一艘船运过长江的书籍，又象云烟一般消失了，只剩下少数分量轻、体积小的卷轴书帖，以及李白、杜甫、韩愈、柳宗元的诗文集写本，《世说新语》《盐铁论》，汉、唐石刻副本数十轴，三代鼎鼐十几件，南唐写本书几箱。把它们搬在卧室里，偶尔病中欣赏，这些可谓岿然独存的了。

长江上游既不能去，加之敌人的动态难以预料，我有个兄弟叫李迒，在朝任敕局删定官，便去投靠他。我赶到台州，台州太守已经逃走；回头到剡县，出睦州，又丢掉衣被急奔黄岩，雇船入海，追随出逃中的朝廷。这时高宗皇帝正驻跸在台州的章安镇。于是我跟随御舟从海道往温州，又往越州。建炎四年十二月，皇上有旨命郎官以下官吏分散出去，我就到了衢州。绍兴元年春三月，复赴越州；二年，又到杭州。

先夫病重时，有一个张飞卿学士，带着玉壶来看望他，随后又带走了，那其实是用一块形状似玉的美石雕成的。不知是谁传出去，于是便有了分赐金人的谣言。还传说有人暗中上表，进行检举和弹劾。事涉通敌之嫌，我非常惶恐，不敢讲话，也不敢就此算了，把家里所有的青铜器等古物全部拿出来，准备向掌管国家符宝的外廷捐献。我赶到越州，皇上已驾幸四明。我不敢把东西留在身边，连写本书一起寄放在剡县。后来官军搜捕叛逃的士兵时把东西取走，听说全部归入前李将军家中。所谓"岿然独存"的东西，无疑又去掉十分之五六了。惟有书画砚墨，还剩下五六筐，再也舍不得放在别处，常常藏在床榻下，亲手保管。在越州时，我借居在当地居民钟氏家里。冷不防一天夜里，有人掘壁洞背了五筐去。我伤心极了，决心重金悬赏收赎回来。过了两天，邻人钟复皓拿出十八轴书画来求赏，因此知道那盗贼就在身边。我百般求他，其余的东西再也不肯拿出来。今天我才知道被福建转运判官吴说贱价买去了。所谓"岿然独存"的东西，这时已去掉十分之七八。剩下一二件残余零碎的，有不成部帙的书册三五种。平平庸庸的书帖，我还象保护头脑和眼珠一样爱惜它，多么愚蠢呀！

今天无意之中翻阅这本《金石录》，好像见到了死去的亲人。因此又想起明诚在莱州静治堂上，把它刚刚装订成册，插以芸签，束以缥带，每十卷作一帙。每天晚上属吏散了，他便校勘两卷，题跋一卷。这二千卷中，有题跋的就有五百零二卷啊。如今他的手迹还象新的一样，可是墓前的树木已能两手合抱了。悲伤啊！

从前梁元帝萧绎当都城江陵陷落的时候，他不去痛惜国家的灭亡，而去焚毁十四万册图书；隋炀帝杨广在江都遭到覆灭，不以身死为可悲，反而在死后把唐人载去的图书重新夺回来。难道人性之所专注的东西，能够逾越生死而念念不忘吗？或者上天认为我资质菲薄，不足以享有这些珍奇的物件吗？还是明诚死而有知，对这些东西犹念念不忘，不肯留在人间吗？为什么得来非常艰难而失去又是如此容易啊！

唉！陆机二十作《文赋》，我在比他小两岁的时候嫁到赵家；蘧瑗行年五十而知四十九岁之非，如今我已比他大两岁：在这三十四年之间，忧患得失，何其多啊！然而有有必有无，有聚必有散，这是人间的常理。有人丢了弓，总有人得到弓，又何必计较。因此我以区区之心记述这本书的始末，也想为后世好古博雅之士留下一点鉴戒。

绍兴二年，太岁在壬，八月初一甲寅，易安室题

三、重建生活价值

每个家庭都会在长期的共同生活中形成自己的生活重心和生活愿景，都会产生独特的价值逻辑。在这套逻辑中，每一个家庭成员都被赋予特定的意义，比如父母的意义通常被视为家庭的支柱，儿女则承载家庭未来的希望。这种价值秩序是支持家庭正常生活的重要依托，它诠释这个家庭的是非对错，也区分这个家庭的轻重缓急，家庭成员也依据它找到自己的意义归宿。一旦发生某个家庭成员的离世，对生者而言不啻于支柱的崩塌或希望的毁灭，原有的家庭生活的价值系统就会陷入混乱，家庭成员的生活意义也就此面临重新构建的任务。因此，所谓价值重建是生者在亲人离去后要重新建立起没有死者参与的意义系统，其核心要义是重新寻找生活的热情和生命的意义。

得知徐志摩飞机失事不幸身亡的消息后，作为“未亡人”陆小曼悲痛欲绝，说“这颗心打得破碎得不可收拾，今天才真变了死灰的了，也再不会发出怎样的光彩了”，觉得“从此我再不能知道世间有我的笑声了。”作者深情地回顾了与徐志摩共同生活的点点滴滴，表达了对死者的无比眷恋之情，很难接受爱人永逝的事实，感叹“我还留恋些什么？”进而产生了和死者“一同化风飞去”冲动。但是理智又告诉她与死者“双双飞进这云天里去围绕着灿烂的明星跳跃，忘却人间有忧愁有痛苦像只没有牵挂的梅花鸟。这类的清福怕我还没有缘去享受”，因为她还有“那苍苍白发的老娘”需要照顾，她无法抛弃这份责任，同时也觉得需要对徐志摩生前施予作者的恩情、爱意给予回报“我只怨我真是无以对你，这，我只好报之于将来了。”所以，她的选择是“最好是等着我将人世的事办完了同着你一同化风飞去。”

陆小曼《哭摩》

我深信世界上怕没有可以描写得出我现在心中如何悲痛的一支笔，不要说我自己这支轻易也不能动的一支。可是除此我更无可以泄我满怀伤怨的心的机会了，我希望摩的灵魂也来帮我一帮，苍天给我这一霹雳直打得我满身麻木得连哭都哭不出，浑身只是一阵阵的麻木。几日的昏沉直到今天才醒过来，知道你是真的与我永别了。摩！漫说是你，就怕是苍天也不能知道我现在心中是如何的疼痛，如何的悲伤！从前听人说起“心痛”，我老笑他们虚伪，我想人的心怎会觉得痛，这不过说说好听而已，谁知道我今天才真的尝着这一阵阵心中绞痛似的味儿了。你知道么？曾记得当初我只要稍有不适即有你声声的在旁慰问，咳，如今我即使是痛死也再没有你来低声下气的慰问了。摩，你是不是真的忍心永远的抛弃我了么？你从前不是说你我最后的呼吸也须要连在一起才不负你我相爱之情么？你为什么不早些告诉我是要飞去呢？直到如今我还是不信你真的是飞了，我还是在这儿天天盼着你回来陪我呢，你快点将未了的事情办一下，来同我一同去到云外去优游去罢，你不要一个人在外逍遥，忘记了闺中还有我等着呢！

这不是做梦么？生龙活虎似的你倒先我而去，留着一个病恹恹的我单独与这满是荆棘的前途来奋斗。志摩，这不是太惨了么？我还留恋些什么？可是回头看看我那苍苍白发的老娘，我不由一阵阵只是心酸，也不敢再羡你的清闲爱你的优游了，我再哪有这勇气，去看她这个垂死的人而与你双双飞进这云天里去围绕着灿烂的明星跳跃，忘却人间有忧愁有痛苦像只没有牵挂的梅花鸟。这类的清福怕我还没有缘去享受！我知道我在尘世间的罪还未满，尚有许多的痛苦与罪孽还等着我去忍受呢。我现在惟一的希望是你倘能在一个深沉的黑夜里，静静凄凄地放轻了脚步走到我的枕边给我些无声的私语让我在梦魂中知道你！我的大大是回家来探望你那忘不了你的爱来了，那时间，我决不张惶！你不要慌，没人会来惊扰我们的。多少你总得让我再见一见你那可爱的脸我才有勇气往下过这寂寞的岁月。你来罢，摩！我在等着你呢。

事到如今我一点也不怨，怨谁好？恨谁好？你我五年的相聚只是幻影，不怪你忍心去，只怪我无福留，我是太薄命了，十年来受尽千般的精神痛苦，万样的心灵摧残，直将我这颗心打得破碎得不可收拾，今天才真变了死灰的了，也再不会发出怎样的光彩了。好在人生的刺激与柔情我也曾尝味，我也曾容忍过了。现在又受到了人生最可怕的死别。不死也不免是朵憔悴的花瓣再见不着阳光晒也不见甘露漫了。从此我再不能知道世间有我的笑声了。

经过了许多的波折与艰难才达到了结合的日子，你我那时快乐直忘记了天有多高地有多厚，也忘记了世界上有忧愁二字，快活的日子过得与飞一般快，谁知道不久我们又走进忧城。病魔不断地来缠着我。它带着一切的烦恼，许多的痛苦，那时间我身体上受到了不可言语的沉痛，你精神上也无端的沉入忧闷。我知道你见我病身呻吟，转侧床第，你心坎里有说不出的怜惜，满肠中有无限的伤感。你曾慰我，我却无从使你再有安逸的日子。摩，你为我荒废了你的诗意，失却了你的文兴，受着一般人的笑骂，我也只是在旁默然自恨，再没有法子使你像从前的欢笑。

谁知你不顾一切的还是成天的安慰我，叫我不要因为生些病就看得前途只是黑暗，有你永远在我身边不要再怕一切无谓的闲论。我就听着你静心平气的养，只盼着天可怜我们几年的奋斗，给我们一个安逸的将来。谁知道如今一切都是幻影，我们的梦再也不能实现了，早知有今日何必当初你用尽心血地将我抚养呢？让我前年病死了，不是痛快得多么？你常说天无绝人之路，守着好了，哪知天竟绝人如此，哪里还有我平坦走着的道儿？这不是命么？还说甚么？摩，不是我到今天还在怨你，你爱我，你不该轻身，我为你坐飞机吵闹不知几次，你还是忘了我的一切的叮咛，瞒着我独自地飞上天去了。

完了，完了，从此我再也听不到你那叽咕小语了，我心里的悲痛你知道么？我的破碎的心留着你来补呢，你知道么？唉，你的灵魂也有时归来见我么？那天晚上我在朦胧中见着你往我身边跑，只是那一霎眼的就不见了，等我跳着、叫着你，也再不见一些模糊的影子了。咳，你叫我从此怎样度此孤单的日月呢？真是叫天天不应，叫地地不响，苍天如何给我这样惨酷的刑罚呢！从此我再不信有天道，有人心，我恨这世界，我恨天，恨地，我一切都恨。我恨他们为甚么抢了我的你去，生生的将我们两颗碰在一起的心离了开去，从此叫我无处去摸我那一半热血未干的心。你看，我这一半还是不断地流着鲜红的血，流得满身只成了个血人。这伤痕除了那一半的心血来补，还有什么法子不叫她不滴滴的直流呢？痛死了有谁知道？终有一天流完了血自己就枯萎了。若是有时候你清风一阵的吹回来见着我成天为你滴血的一颗心，不知道又要如何的怜惜如何的张惶呢。我知道你又看着两个小猫似眼珠儿乱叫乱叫着。我希望你叫高声些，让我好听得见，你知道我现在只是一阵阵糊涂，有时人家大声地叫着我，我还是东张西望不知声音是何处来的呢。大大，若是我正在接近着梦边，你也不要怕扰了我的梦魂像平常似的不敢惊动我，你知道我再不会骂你了，就是你扰我不睡，我也不敢再怨了，因为我只要再能得到你一次的扰，我就可以责问他们因何骗我说你不再回来，让他们看着我的摩还是丢不了我，乖乖的又回来陪伴着我了，这一回我可一定紧紧的搂抱你再不能叫你飞出我的怀抱了。天呀！可怜我，再让你回来一次吧！我没有得罪你，为甚么罚我呢？摩！我这儿叫你呢，我喉咙里叫得直要冒血了，你难道还没有听见么？直叫到铁树开花、枯木发声我还是忍心等着，你一天不回来，我一天的叫，等着我哪天没有了气我才甘心地丢开这惟一的希望。

你这一走不单是碎了我的心，也收了不少朋友伤感的痛泪。这一下真使人们感觉到人世的可怕，世道的险恶，没有多少日子竟会将一个最纯白最天真不可多见的人收了去，与人世永诀。在你也许到了天堂，在那儿还一样过你的欢乐的日子，可是你将我从此就断送了。你以前不是说要我清风似的常在你的左右么？好，现在倒是你先化着一阵清风飞去天边了，我盼你有时也吹回来帮着我做些未了的事情，只要你有耐心的话，最好是等着我将人世的事办完了同着你一同化风飞去，让朋友们永远只听见我们的风声而不见我们的人影，在黑暗里我们好永远逍遥自在的飞舞。

我真不明白你我在佛经上是怎样一种因果，既有缘相聚又因何中途分散，难道说这也有一定的定数么？记得我在北平的时候，那时还没有认识你，我是成天的过着那忍泪假笑的生活。我对人老含着一片至诚纯白的心而结果反遭不少人的讥诮，竟可以说没有一个人能明白我，能看透我的。一个人遭着不可言语的痛苦，当然地不由生出厌世之心，所以我一天天地只是藏起了我的真实的心而拿一个虚伪的心来对付这混浊的社会，也不再希望有人来能真真的认识我明白我，甘心愿意从此自相摧残的快快了此残生，谁知道就在那时候会遇见了你，真如同在黑暗里见着了一线光明，遂死的人又兑了一口气，生命从此转了一个方向。摩摩，你的明白我，真算是透彻极了，你好像是成天钻在我的心房里似的，直到现在还只是你一个人是真还懂得我的。我记得我每遭人辱骂的时候你老是百般的安慰我，使我不得不对你生出一种不可言喻的感觉。我老说，有你，我还怕谁骂；你也常说，只要我明白你，你的人是我一个人的，你又为什么要去顾虑别人的批评呢？所以我哪怕成天受着病魔的缠绕也再不敢有所怨恨的了。我只是对你满心的歉意，因为我们理想中的生活全被我的病魔来打破，连累着你成天也过那愁闷的日子。可是两年来我从来未见你有一些怨恨，也不见你因此对我稍有冷淡之意。也难怪文伯要说，你对我的爱是Come and true的了。我只怨我真是无以对你，这，我只好报之于将来了。